W0291872

Magischer Bodensee

Kurt Derungs

Magischer Bodensee

Reisen zu mythischen Orten

edition amalia

edition amalia, Grenchen bei Solothurn
Gesamtherstellung: Madonas Poligrafists
Printed in Latvia

ISBN 978-3-905581-31-7

www.amalia.ch

Inhalt

Wandertipps

Anhang

VORWORT

Mit dem Bodensee verbinden mich ganz besondere Erinnerungen, denn ich verbrachte einen Teil meiner Jugendzeit am Rheindelta und am südlichen Ufer des Sees. Mich faszinierten die Schilfgürtel, die Strände voller Muscheln und die Stimmungen über dem Wasser. Plötzlich wurde nämlich aus dem ruhigen Badesee ein wellenhohes Meer, schlugen die Wogen über die Landzungen und brauste ein starker Wind über die Schaumkronen. Am Leuchtturm blitzten die Lichter zur Sturmwarnung auf, und die letzten Segler retteten sich gerade noch in einen sicheren Hafen. Der See war sich selbst, und wehe dem, der die Windbraut und den Windbräutigam über den Wogen störte. Der Bodensee zeigte seine Würde und Kraft und das mystische Schauspiel durfte von niemandem entweiht werden. Wer dies dennoch wagte und den Wellen mit seinem Boot trotzen wollte, den holte der mächtige See zu sich in die dunkle Tiefe – und so mancher wurde nie mehr gefunden. Wie so viele Gewässer in Deutschland, Österreich und der Schweiz hat sich der Seegeist seinen Menschen geholt. Er soll sogar jährlich einen Menschen rufen. Ist dieser dann nicht zur besonderen Stunde anwesend, wird der See zornig und verschlingt am Ufer alles, was ihm in den Weg kommt. Und selbst wer dem vom Schicksal bestimmten Mann helfen möchte, wird vom Seegeist in die Tiefe gezogen.

Der Bodensee ist also mehr als ein Wasserreservoir oder ein Seglerparadies. Im Sommer beeindrucken seine blauen Wogen und das Spiegelbild der Wolken auf seiner geheimnisvollen Oberfläche. Im Herbst sind die langen Sonnenuntergänge mit dem tiefroten Schleier unvergesslich. Und im Winter kann der See zufrieren und ein weißes Kleid tragen. Zudem weisen die sagenhaften Geschichten darauf hin, dass der See ein Wasserwesen ist – eine heilige Landschaft, die den Menschen Nahrung und Lebensraum bietet. Der Rhein, die Inseln, die Hügelzüge und der See sind auch mehr als eine touristische Attraktion. Sie bilden zusammen eine mythische Landschaft, die einst von den Ahnenwesen der frühen Bewohner bevölkert war. Spuren dieser belebten, animistischen Welt findet man in den Natursagen und an heiligen Orten, wo teilweise noch Bräuche und Kulte gepflegt werden. Manche dieser Ritualorte – auch wenn sie heute christianisiert sind – gehen auf die Menschen der Frühgeschichte zurück. Diese lebten zahlreich am Bodensee, wovon die vielen Seeufersiedlungen (Pfahlbauten) ein beredtes Zeugnis sind. Was hat die Menschen damals bewogen, an den See zu kommen? Wie lebten sie in ihren Sippen und wie erklärten sie sich die Welt? Lassen sich Spuren ihrer Mythologie beschreiben? Zweifellos lässt sich anhand von kunstvollen Gegenständen aus Knochen etwas über die Gedankenwelt der Eiszeitmenschen erfahren. Ebenso durch Tongefäße und Bemalungen der Häuser einiges über die Pfahlbausiedler. Zudem spielen die Kultplätze – Höhlen, Schluchten, Steine, Hügel und Inseln – eine unschätzbare Rolle, um sich der mythischen Welt zu nähern. In Höhlen fanden sie den Zugang zur Anderswelt und in heiligen Landschaften verehrten sie eine göttliche Ahnfrau. Ebenso lockten das milde Klima und die fruchtbaren Böden an die Seelandschaft.

Somit ist es nicht erstaunlich, dass auch Kelten, Römer und Alemannen an den Bodensee kamen. Und auch die christlichen Heiligen konnten sich der magischen Orte am Bodensee nicht entziehen. Diesen vielfältigen Spuren folgt dieses Buch. Über 30 beschriebene Reiseorte machen die sagenhaften Plätze für uns heute wieder erlebbar. Vor uns entsteht ein sorgfältig recherchiertes Bild der mythischen Orte, die schrittweise ihre Geheimnisse preisgeben. Vertrautes und Bekanntes wie zum Beispiel die Insel Reichenau stehen plötzlich in einem ganz neuen Licht. Damit kann die persönliche Entdeckungsreise in diese zauberhafte Seelandschaft beginnen.

ZEITREISE
AM BODENSEE

ALT- UND MITTELSTEINZEIT

In der Bodenseeregion finden wir die ersten menschlichen Spuren am Ende der Altsteinzeit zwischen 14000 und 8000 v.u.Z. (Magdalénien-Kultur). Es handelt sich um kleinere Gruppen von Jäger und Sammlerinnen. Die Fundstellen dieser Menschen liegen entlang des Gletscherrandes aus der letzten Eiszeit (Würm-Glazial). Bekannte Fundstätten sind das „Kesslerloch" bei Thayngen (CH) in der Nähe von Schaffhausen und der „Petersfels" bei Engen (D) unweit von Singen. Gejagt wurden hauptsächlich Rentiere und Wildpferde. Die sehr mobilen Menschengruppen lebten in Zelten und folgten den Herden. Das weitere Jagdwild war: Wisent, Elch, Hirsch, Gemse, Steinbock, Murmeltier und Schneehase. Hinzu kamen der Fischfang und das Sammeln von Vogeleiern, Beeren, Kräutern und Pilzen, die eine wesentliche Rolle bei der täglichen Nahrungsbeschaffung spielten. In den abgelagerten Schichten der Höhlen und an deren Vorplätzen entdeckte man perfekte Speerschleudern und Harpunen sowie multifunktionale Steingeräte, um zum Beispiel Felle zu bearbeiten. Hervorzuheben sind verschiedene Kleinkunstwerke, die ansatzweise die Gedankenwelt dieser Wildbeutergemeinschaften greifbar machen. Sie gehören zu den ältesten Kunstwerken der Menschheit, so z.B. Tierzeichnungen auf Geweih- und Knochengeräten oder geschnitzte Frauenfiguren aus Gagat (fossiles Holz), die man als göttliche Ahnfrauen und schützende Talismane betrachten kann. Sie bieten einen faszinierenden Einblick in die mythologischen Vorstellungen der Menschen in der Altsteinzeit.

Die Mittelsteinzeit (9000–6000 v.u.Z.) ist gleichsam der Ausklang für eine Epoche, in der die Menschen ausschließlich vom Jagen und Sammeln lebten. Das Klima wurde zusehends wärmer, und die Alpengletscher zogen sich auf das heutige Verhältnis zurück. In der Folge änderten sich ab 8000 v.u.Z. die Lebensbedingungen merklich. Die Landschaft wurde von dichten, haselreichen Eichen-Mischwäldern überzogen. Die immer noch kleinen Menschengruppen zogen umher und spezialisierten sich auf den Fischfang. Gejagt wurden Wasservögel und kleinere Wildtiere: Reh, Hirsch und Auerochse. Man sammelte Kräuter, Beeren, Wildpflanzen und Haselnüsse. Ebenso kannte man aus Feuerstein gefertigte Klingen und Einsätze für Werkzeuge und Jagdgeräte.

Lagerstätte der Jäger und Sammlerinnen in der Altsteinzeit.

JUNGSTEINZEIT

Die Jungsteinzeit (Neolithikum 6000–3000 v.u.Z.) ist geprägt durch die Domestikation von Pflanzen und Tieren sowie von der Sesshaftigkeit der Menschen. Das Wissen um die Pflanzenzucht und die Viehhaltung kann unabhängig an verschiedenen Orten entstanden oder von außen übernommen worden sein. Auch gab es Migrationen von Menschen, die Land suchten und Ackerbau und Viehzucht betrieben. Über viele Generationen hinweg breitete sich die bäuerliche Lebensweise aus. Einmal vom Alten Orient über Kleinasien zum Balkan und entlang der Donau bis nach Mitteleuropa. Dann auch vom südwestlichen Mittelmeergebiet der Rhone entlang bis zur Bodenseeregion. Aus Jägern und Sammlerinnen wurden allmählich sesshafte Bäuerinnen und Bauern. Die hauptsächlichen Getreidearten waren Einkorn, Emmer, Nacktweizen und Gerste. Milch und Fleisch lieferten Rinder, Schweine, Schafe und Ziegen. Die Jagd spielte nur noch eine untergeordnete Rolle. Neue Techniken kamen auf, so die Herstellung von Tongefäßen und geschliffene Steingeräte. Gepflegt wurde ein Ahnenkult, für den es typisch war, Dolmengräber und

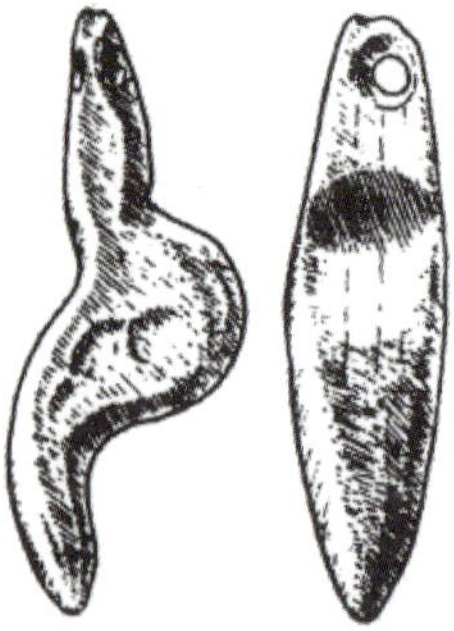

Ahninfigürchen vom Petersfels bei Engen, Landkreis Konstanz.

Werkzeuge und Artefakte der Altsteinzeit.

aufrechte Steine (Menhire) zu errichten. Am Bodensee standen zahlreiche Seeufersiedlungen auf Pfählen – entweder im feuchten Uferbereich oder auf ufernahen, kleinen Inseln und Halbinseln.

Menhir zwischen Degernau und Erzingen, Landkreis Waldshut.

BRONZEZEIT

Die Bronzezeit (2200–850 v.u.Z.) setzte die bäuerliche Lebensweise fort, jedoch war sie geprägt von der Metallverarbeitung. Die Kenntnis, aus Kupfer und Zinn den neuen Werkstoff Bronze herzustellen, verbreitete sich schnell. Der benötigte Rohstoff wurde aus den Alpen oder von England importiert. Begehrte Handelsgüter waren Geräte, Waffen und Schmuck aus Bronze. Der Ackerbau intensivierte sich, und die Bevölkerung wuchs an. Angebaut wurden unter anderem Dinkel und Hafer. Neue

Pfahlbauten der Frühgeschichte. Unteruhldingen am Bodensee.

Dolmengrab bei Degernau im Landkreis Waldshut.

Berufe entstanden wie Schmiede und Händler. Bronzedolch und Schwert waren Statussymbole, und erstmals lassen sich sogenannte Kriegergräber feststellen. Die Verstorbenen wurden in ihrer Tracht in Hügelgräbern beigesetzt. In der mittleren Bronzezeit gab es sowohl Brand- wie auch Körpergräber. Viele Grabhügel dienten über Generationen hinweg als Bestattungsplatz einer Sippe oder Siedlung. Eine andere Grabsitte, die ab 1400 v.u.Z. aufkam, war die Urnenbestattung in großen Flachgräberfeldern. Man spricht daher von der Urnenfelderzeit (bis 850 v.u.Z.). Bekannte Ufersiedlungen am Bodensee und an den Binnengewässern sind aus dieser Zeit: Unteruhldingen, Rorschach, Altenrhein-Au, Arbon, Seebachtal und Eschenz.

Goldbecher von Eschenz (CH), um 2000 v.u.Z.

Weberin der Bronzezeit am Bodensee.

EISENZEIT

Die Eisenzeit (850–15 v.u.Z.) ist geprägt durch das neue Metall Eisen. Es wurde ab dem 9. Jahrhundert zum wichtigsten Rohstoff zur Herstellung von Werkzeugen und Waffen, obwohl Bronze weiterhin zur Produktion von Schmuck und Trachtzubehör verwendet wurde. Entscheidend war, dass das begehrte Eisenerz in der Nähe zur Verfügung stand. So in den Kalksteinschichten der umgebenden Höhenzüge und der Schwäbischen Alb. Es war also nicht mehr nötig, Rohstoffe teuer einzuhandeln. Keltenfürste wurden reich und mächtig und konnten sich kostbare Luxusgüter leisten. Davon zeugen auch monumentale Grabhügel mit prunkvoll ausgestatteten Grabkammern. Ab dem 7. Jahrhundert wurden die Toten nicht mehr verbrannt, sondern in ihrer Tracht beigelegt. Solche Gräber wurden oft in bestehende ältere Grabhügel eingebracht, und zwar wieder von Sippen und Siedlungsgemeinschaften. Ab 450 v.u.Z. setzte dann die sogenannte Keltenwanderung ein, verursacht durch größere Umwälzungen: soziale Unruhen, Missernten, Klimaveränderung und Völkerverschiebungen (Germanen in Nordeuropa). Entsprechend eroberten keltische Stämme Westeuropa, Oberitalien und Kleinasien. Im Bodenseeraum sind Spuren der mittleren und späten Eisenzeit (keltische Latènezeit 450–15 v.u.Z.) gering.

RÖMISCHE ZEIT

Die römische Zeit (15 v.u.Z. bis 400 n.u.Z.) beginnt mit der Eroberung des Voralpenlandes durch die Legionen des römischen Reiches. Die Besiedlung des Bodenseeraums wurde dadurch stark geprägt. Im Alpenfeldzug des Drusus und Tiberius, Adoptivsöhne von Kaiser Augustus, zogen von Westen und Osten römische Heere heran und vereinigten sich am Bodensee. Es ist sogar von einer Seeschlacht mit den östlich des Bodensees ansäßigen keltischen Vindeliker die Rede. Durch die Verschiebung der römischen Grenze nach Germanien hinein wurde die Bodenseeregion befriedetes Hinterland. Kelten und Räter wurden rasch „romanisiert", das Land vermessen und parzelliert sowie Handels- und Militärstraßen gezogen. Hauptorte waren zum Beispiel Iuliomagus (Schleitheim in Schaffhausen) und Brigantium (Bregenz). Ein wichtiger Ort war auch Tasgetium (Eschenz bei Stein am Rhein). Ehemalige Offiziere der römischen Armee erhielten große Landgüter (villae rusticae) zur feudalen Bewirtschaftung. Im Jahr 259/260 konnten die Römer die obergermanisch-rätische Grenzbefestigung (Limes) nicht mehr halten, die zuvor das römische Reich vom unbesetzten Germanien trennte. Die römischen Truppen und die Siedler mussten sich vor den germanischen Stämmen wieder an den Rhein und an den Bodensee zurückziehen. Um 300 wurden zur Sicherung vor den Alemannen (ein Gemenge verschiedener Germanenstämme) die römischen Kastelle Arbor Felix (Arbon), Konstanz, Ad Fines (Pfyn) und Stein am Rhein errichtet. Dieser Grenzverlauf schützte die Gebiete südlich des Bodensees. Jedoch wurde dann kurz nach 400 auch diese römische Verteidigungslinie am Rhein aufgegeben.

Keltische Holzfigur von Eschenz (CH) bei Stein am Rhein.

Keltisch-römische Darstellung der Göttin Epona. Fundort Köngen (Lkr. Esslingen).

DAS FRÜHE MITTELALTER

Durch die Rücknahme der römischen Grenze um 260 an den Rhein und an den südlichen Bodensee wurden weite Gebiete frei. Dieses Land wurde jedoch nur zögerlich wieder besiedelt. Die Alemannen mussten sich erst noch finden und zu einem Volksstamm werden, denn sie bestanden aus einer Vielzahl elbgermanischer Stämme, z.B. Sueben und Semnonen. Im 4. Jahrhundert ließen sich erste Alemannen in verlassenen römischen Gutshöfen nieder. Ebenso entstehen erste Dörfer im Hegau. Ab dem 5. Jahrhundert geschieht dann die alemannische Landnahme auch südlich des Bodensees. Reiche Grabausstattungen einer alemannischen Oberschicht mit importierten Schmuckstücken aus dem römischen Reich zeigen, dass mannigfaltige Kontakte gepflegt wurden. Reihengräberfelder, die am Rand der alemannischen Siedlungen entstanden, belegen die zunehmende Landnahme. Die Toten wurden in West-Ost-Orientierung bestattet: Männer mit reich verzierten Waffengürteln, Frauen mit umfangreichem Schmuck. Um 506 besiegte der Frankenkönig Chlodwig I. (Merowinger) die Alemannen und setzte einen entsprechenden Herzog ein. Zur karolingischen Herrschaft gehörten auch die irischen Mönche Columban und Gallus, die am Ende des 6. Jahrhunderts am Bodensee missionierten. Um 612 soll Gallus eine Einsiedlerzelle gegründet haben, aus der dann das Kloster Sankt Gallen hervorging. Auf der Insel Reichenau begründete der irofränkische Bischof Pirmin um 724 ein Kloster. Nur zögerlich gaben die Alemannen den paganen Glauben und die alten Gräberfelder auf und bestatteten ihre Toten bei den entstehenden Ortskirchen. Mächtige Klöster und Zentren entstanden: Konstanz, Reichenau, Kloster Schaffhausen und Sankt Gallen.

Wandmalerei in der Kirche St. Georg, Insel Reichenau.

HEILIGE QUELLEN UND GEWÄSSER

Als die Mönche Columban, Gallus und Pirmin in der Bodenseeregion die Alemannen missionierten, hatten sie gegenüber der altheiligen Glaubenswelt der Germanen keinen leichten Stand. Die fränkische und alemannische Oberschicht war aus machtpolitischen Gründen zwar bereit, das Christentum anzunehmen. Jedoch pflegte das Volk noch lange andere Traditionen einer bäuerlichen Gemeinschaft. Wie die Kelten und Räter feierten auch die Alemannen die natürlichen Kreisläufe des Jahres, indem sie Bräuche im Frühling, Sommer, Herbst und Winter abhielten. Zudem verehrten sie heilige Bäume, Steine, Felsen, Berge, Hügel, Quellen und Flüsse. Sie sahen in der Natur wirkende Kräfte und Wesen, die sie mit ihren Verstorbenen in Verbindung brachten oder mit Geistwesen. Ihre Glaubenswelt war noch geprägt von der Natur- und Ahnenverehrung. Die Ahninnen und Ahnen waren die helfenden und schützenden Mächte, an die sich die Sippenmitglieder wandten – sei es in der Not oder um einen Ratschlag zu erhalten. Die Natur selbst wurde als beseelt und belebt aufgefasst, in der sich die Ahnen als Geistwesen aufhielten. Entsprechendes galt für die ganze Natur, die man sich oft als großes Wesen und als einen wandelbaren Körper vorstellte. Ein schönes Sinnbild dafür ist Frau Welt, die als universelle Gestalt die Erde und den Kosmos verkörpert. So verehrten die alten Stämme einen mächtigen Baum aus verschiedenen Gründen: Weil sie darin die Lebenskraft der Natur sahen, das Wirken eines göttlichen Wesens (Baumgöttin) sowie den Seelensitz einer verstorbenen Person. Ebenso war eine Quelle der heilige Schoß einer Erdgöttin, die Heilung oder neues Leben schenkte.

Quellen sind immer noch Heiligtümer. Münzen in der Donauquelle von Donaueschingen.

Allgemein lässt sich sagen, dass die Alemannen, Kelten und Räter unterschiedlich ausgeprägt noch in einer alten Mythologie lebten, in welcher die Naturverehrung, die Ahnenverehrung und der Wiedergeburtsglaube eine bedeutende Rolle spielten. Hinzu kommen eine animistische (belebte) Welt und schamanische Traditionen, die in Resten vorhanden waren. Wenn also zur römischen Zeit und im frühen Mittelalter noch solche Bräuche bestanden, wie viel ausgeprägter waren sie in der Alt- und Jungsteinzeit, wo sie ihre Wurzeln haben.

Das animistische Weltbild lässt sich sehr schön am Beispiel der Quellen und Gewässer zeigen. Gemäß der Lebensgeschichte des hl. Gallus soll dieser einmal am Bodensee gestanden sein. In der Stille der Nacht warf er am Seeufer seine Netze ins Wasser. Da hörte er plötzlich seltsame Stimmen. Er vernahm, wie ein Geist von einem benachbarten Berg herab mit lauter Stimme einen anderen Geist mit Namen rief. Dieser wohnte in der Tiefe des Sees und antwortete dem Berggeist: „Hier bin ich!“ Da sprach der Geist auf der Höhe: „Erhebe dich zu meiner Hilfe, auf dass

Berg- und Seegeist am Bodensee in der Abendstimmung.

wir jene Fremdlinge vertreiben, die, aus der Ferne daherkommend, meine Bilder im Tempel zerbrochen und das Volk von mir abgewendet haben. Lass uns die gemeinsamen Feinde über die Grenzen jagen!" Der Seegeist antwortete: „Wehe, dass du die Wahrheit sprichst! Das erfahre ich an mir selber; denn einer von ihnen plagt mich im Wasser und verödet meine Reiche." In dieser Episode aus der frühen Christianisierung des Bodensees stehen auf der einen Seite die See- und Berggeister der animistischen Welt und auf der anderen die Missionare, die nur ihren Gott gelten lassen. Entsprechend vertreiben dann die Mönche die Wasser- und Berggeister, d.h. sie entzaubern die Landschaft, indem sie die Ahnen- und Naturwesen in der beseelten Landschaft verdrängen: „Kaum hatten sie angefangen zu beten, als sie auch das Geschrei der Geister vernahmen, die sich mit verworrenen Klagen über die Berge und den See flüchteten. Einer jener Verscheuchten, nach der Sage eine Hexe, soll in der Bedrängnis in drei Absätzen über den See gesprungen und dann weiter geflohen sein."

In unserem Zusammenhang ist es von Interesse, dass hier der Bodensee einen Geist besitzt, ja der See selbst ein Wesen ist. Der See spendet Nahrung wie Fische und Trinkwasser, fordert aber auch jährlich eine Gabe. Vom Rhein wird gesagt, dass er ein Opfer haben will, und auch der Walensee holt sich einmal im Jahr einen Mann ins Wasser. Im Hochsommer zur Johanniszeit (24. Juni) – also zur Sommersonnenwende – fährt kein Fischer mit seinem Kahn hinaus auf den Bodensee, denn schon manchen habe es am Netz in die Tiefe hinabgezogen. Ebenso warnt man die Jungen, dann zu baden. Sollte der See sich seinen Menschen nicht an Mittsommer holen, so am Magdalenentag (22. Juli). In Graubünden opferte man dem Rhein jeweils ein junges Fohlen, bis dieser Brauch von der Obrigkeit verboten wurde. In einer Sage aus Eriskirch und Markdorf mit dem Titel „Der feurige Fischer" geht hervor, dass ein ertrunkener Mann zu einem Seegeist werden konnte und der tiefe See als Anderswelt aufgefasst wurde.

🕮 **Der feurige Fischer** Früher sah man auf dem Bodensee zur Nachtzeit oftmals einen feurigen Mann, den man nur den feurigen Fischer nannte. Der lief auf der ganzen Fläche des Sees umher und neckte die Fischer, die bei Nacht fuhren, und setzte das oft so lange fort, bis sie ihm ein Band oder ein gewobenes Seil zuwarfen und ihm zuriefen: „Fischer, hier hast du ein Bändel!" Dann kam er sogleich ans Schiff und nahm das Bändel oder Seil und zündete es an, und manchmal soll er gesagt haben: „Solang dies Bändel brennt, solang darf ich ruhen von meinen höllischen Qualen." Man hat ihn an allen Orten, die am Bodensee liegen, schon gesehen. Da geschah es dann wohl, dass die Spinnerinnen, die den feurigen Fischer auf dem See erblickten, ihm zuweilen einen lang und dick gesponnenen Faden zum Fenster hinaushielten und ihm zuriefen. Augenblicklich stand er hinter dem Fenster und nahm den Faden. Wenn dieser recht lang war, schlug er ein helles Freudengelächter auf und begab sich wieder auf den See und zündete den Faden an. (nach Wolf)

Wahrscheinlich erinnern die „Spinnerinnen" in dieser Sage an die drei Schicksalsfrauen, die jedem Menschen den Lebensfaden spinnen, ablängen und zerschneiden – und ihn dann wieder erneut spinnen. In diesem Sinn wäre der gesponnene Faden des Fischers sein Lebensfaden, der ihm anzeigt, dass er aus der Anderswelt wiederkehren wird. Einst war der „feurige Fischer" dem See eine Gabe, der sich nun in einem Jenseitsort aufhält. Durch christlichen Einfluss wurde diese Unterwelt zu einer „Hölle" dämonisiert. Die Lebenskraft der Schicksalsfrauen mit ihrem Faden bewirkt jedoch, dass der Seegeist bald als Mensch wiedergeboren wird. Somit schließt sich der ewige Kreislauf von Leben und Tod, der in der alten Mythologie nur ein Zwischenbereich der Regeneration und Verjüngung ist.

Besonders die vielen Herkunftsorte der kleinen Kinder erinnern noch an die animistische Glaubenswelt. Hier holten bzw. empfingen die Frauen die Seelen der verstorbenen Sippenmitglieder, um diesen durch eine Wiedergeburt ein neues Leben zu schenken. Dabei spielen Brunnen, Quellen und Gewässer eine außerordentliche Rolle, die als Seelensitze der Verstorbenen gelten. Zudem ist Wasser das Lebenselexier schlechthin, das aus dem Schoß der Erde hervorquillt. In Tuttlingen, Blaubeuren und Rottenburg erzählt man, die Hebamme habe einen geheimen Brunnen, aus dem sie die kleinen Kinder fische. Bevorzugt wird das frische klare Quellwasser der Brunnenstuben oder wie in Brackenheim,

Cannstatt und Crailsheim heilkräftiges Wasser als Aufenthaltsort der Kleinen. In Ulm nennt man den Butzenbrunnen (*Butz* gleich Geist, kleiner Mensch), in Ebersberg einen Aunzenbrunnen (*aunzen* ist wimmern). Nebst dem Brunnen wird auch ein See, ein Weiher oder ein Bach erwähnt. In Leutkirch werden die kleinen Kinder von der Iller angeschwemmt, in Gaildorf vom Kocher. In Rottenburg kommen sie aus der Quelle des Seltenbaches. Ebenso bringt das Altwasser der Donau in Laupheim und des Neckars in Esslingen die Kinder. In Holzmaden (Kirchheim) sagte man früher, die Hebamme pfeife den Neugeborenen mit einem Pfeiflein. Sie trägt die Kinder in der Schürze, in einem Korb (Leutkirch, Ravensburg) oder in ihrem großen Kopftuch. Im Korb oder im Butten holte man sie früher aus den Siebenröhrenbrunnen in Heilbronn nach Sontheim. Auch Steine und Höhlen bergen Kinder, wobei das Vorhandensein von Wasser vorausgesetzt wird. In Agenbach (Calw) zieht die Hebamme die Kinder unter einem großen Stein am Heldenbrunnen hervor, in Neuhausen (Tuttlingen) holt diese sie im Steinbruch. In Heubach (Gmünd) in einer Höhle am Rosenstein, in der sich ein Brunnen befindet, in Schlattstall (Kirchheim) aus einer Felsenspalte, dem sogenannten Goldloch.

Die Quelle als weiblicher Ort des neuen Lebens.

Ein schönes Beispiel, wie eine keltische, römische oder alemannische Göttinnenverehrung noch weit in die christliche Zeit fortlebte, zeigt das Bildnis der Dutt. Anton Birlinger erwähnt in seinem Sagenbuch folgende Begebenheit: Das Tal zwischen Tuttlingen und der badischen Stadt Möhringen heißt Duttenthal. Dort soll eine Göttin namens Dutt verehrt worden sein. Einst habe man im Tal eine weibliche Figur unter dem Moos gefunden. Sie sei von blauem Sandstein, schlank und von Menschengröße. Dazu habe sie einen kleinen Kopf, zwei Gesichter und eine Doppelbrust von großem Umfang. Das Bildnis der Göttin wurde nach Tuttlingen gebracht und sei mehrere Jahrhunderte auf dem Stadtbrunnen gestanden. Eine Tages wurde das Bild jedoch verkauft und von einem Maurer zerschlagen. Stücke davon seien noch in Mauern vorhanden.

Diese Beschreibung ist sehr konkret und kaum phantasievoll. Es könnte sich bei dem Göttinnenbildnis um eine griechisch-römische Tyche-Fortuna handeln, die auch doppelgesichtig dargestellt wurde. Die Dutt selbst soll eine Zauberfrau im Duttental gewesen sein, die man Duttfee oder Dupfee nannte. Der Name könnte keltischen Ursprungs sein. Man vergleiche dazu das altirische *dub* „schwarz", das auch in Flussnamen wie Le Doubs im Jura vorkommt. Nicht weit von Tuttlingen, nämlich in Fridingen an der Donau, ist denn auch von einer schwarzen Frau die Rede. Diese wohnt dort, wo die Donau eine halbe Stunde unterhalb Fridingen eine Schlucht bildet. Die Stelle trägt den Namen „Weibels Teich". In Ertingen östlich von Sigmaringen soll einmal ein Kind in eine Brunnenstube gefallen sein. Trotz der geringen Tiefe des Wassers ist es spurlos verschwunden. Man sagt, in der Tiefe des Brunnens sei eine behagliche Stube, in der eine alte Frau wohne. Diese locke die Kinder mit allerlei Versprechungen zu sich hinab. Später wurde der Brunnen zugeschüttet. Doch noch immer könne man am Boden horchen und die Alte mit ihren Kindern reden hören.

In Munderkingen an der Donau hören wir eine seltsame Geschichte von einer Schlange im Brunnen. Hier ist es also nicht eine alte oder schwarze Frau, die in der Tiefe wohnt, sondern eine mächtige Schlange – das Symboltier der Wasser- und Erdgöttin. Der altheilige Quellort war einmal eine Kultstätte, an der die Frauen die Kinderseelen empfingen und schwanger wurden. Das neue Leben wurde von der „Schlange" geschenkt. Dies geht deutlich aus einer Legende hervor. Doch die Schilderung verdreht die ganze Mythologie des Naturortes, indem den Frauen Angst vor dem Wasser und der Schlange gemacht wurde. So soll um 1498 die Frau des Mesners aus dem heiligen Brunnen neben der Wallfahrtskirche auf dem Brunnenberg Wasser geschöpft und getrunken haben. Bald darauf sei sie wie eine Schwangere geworden und bekam einen dicken Bauch. Nachdem sie Gott und Maria angerufen habe, hätte sie unzählige Schlangen von sich gegeben. Im Brunnen fand man darauf eine riesige Schlange und Schlangenlaich. Der Quellortforscher Klaus Kramer schreibt zu dieser phantasiebeladenen Geschichte treffend: „Besonders in Süddeutschland findet man viele Wallfahrtskirchen und Kapellen neben altheiligen Quellen. Ein typisches Beispiel ist die Wallfahrtskirche auf dem Brunnenberg bei Munderkingen. Schon der Flurname weist darauf hin, dass sich an dieser Stelle einst ein bedeutendes alemannisches Quellheiligtum befand. Die ausgestreuten Sagen und Legenden lassen vermuten, dass das Trinken des Quellwassers aus dem heute noch vorhandenen Brunnen den Frauen Kindersegen versprach. Spätestens um 1340 entstand auf dem Brunnenberg eine Kapelle, mit der man dem heidnischen Brunnenkult entgegenzuwirken versuchte. Den Bau des Gotteshauses an diesem Platz erklärte man den Menschen mit folgender Legende: Ein frommer Bauer namens Hess habe beim Pflügen seines Feldes am Brunnenberg ein Marienbild gefunden. Als er dieses von seinem Feld fortbringen wollte, kehrte es auf wundersame Weise immer wieder an den Fundort zurück. Die Figur wollte scheinbar ausschließlich an diesem Ort verehrt werden. (Eine solche Begründung für den Bau von Kapellen auf vorchristlichen Kultplätzen findet man vielerorts.) Wie die erste Kapelle mit angebauter Klause und der Brunnen ausgesehen haben mag, kann man auf dem unten gezeigten Ölbild erkennen. Trotz Kirchenbau und Anwesenheit eines Klausners wird die Anziehungskraft des alten Heiligen Brunnens auf die Frauen der Umgebung nicht nachgelassen haben. Trotz christlicher Verbote und Warnungen pilgerten die Frauen auch weiterhin zum Fruchtbarkeit verheißenden Frauenbrunnen, um dessen Wasser zu trinken. Nun wurde eine weitere Legende verbreitet: 1498 habe auch die Frau eines Mesners aus dem Brunnen getrunken, um Kinder zu bekommen. Hierbei habe sie mit dem Wasser auch

Schlangenlaich heruntergeschluckt, der sich im Brunnen befand. Ihr Leib sei daraufhin so prall und schwer geworden, dass sie die hl. Maria in der Brunnenbergkapelle um Hilfe angefleht habe. Dank ihrer inbrünstigen Gebete und Marias Hilfe seien schließlich 57 junge Schlangen aus dem Leib der Mesnerin gekrochen. Beim anschließenden Ausräumen des Brunnens soll man darin eine mächtige ‚alte Schlange' von ‚20 Werkschuh und 3 Zoll' Länge gefunden haben. Mit dieser Geschichte dürfte die Wallfahrt der Frauen zum heiligen Brunnen beendet gewesen sein. Denn wer wollte schon statt eines gesunden Kindes eine vielköpfige Schlangenbrut gebären? Um das Volk vor den bösen Schlangen im Brunnen zu ‚beschützen', wurde der heilige Brunnen mit einer Haube abgedeckt. Das in der Kirche gezeigte Ölgemälde, bei dem eine gefährlich aussehende Schlange aus dem Brunnenschacht blickt, warnte die Bevölkerung fortan in anschaulicher Weise davor, den Brunnen zu benutzen. Unter der Empore wurde die große Schlange, die man angeblich im Brunnen fand, in voller Länge abgebildet. Selbst der einfältigste Analphabet war so in der Lage, die eindeutige Bildersprache zu lesen, um das Dargestellte zu glauben."

Trotz dieser Schauergeschichte konnte sich in Munderkingen der Brunnenkult als Fastnachtsbrauch erhalten. Und zwar als Brunnenspringen am Aschermittwoch. Zwei ausgewürfelte Brunnenspringer tauchen nach mehreren Trinksprüchen und einem Becher warmen Weins in das kalte Wasser des Marktbrunnens und dürfen anschließend die umstehenden Mädchen nass spritzen und küssen. Vermutlich handelt es sich dabei ursprünglich um einen alten Vegetationsbrauch im zyklischen Jahr, indem der junge Mann eine Jenseitsreise in die Brunnentiefe und eine Wiederkehr von der Anderswelt erlebte. Anschließend feierte er mit der Frühlings- und Sommerbraut Hochzeit. Diese mythischen Hintergründe werden jedoch nur noch verkürzt im Fastnachtsbrauch gespielt. In der Schweiz ist der Pfingstlümmel im Aargau mit dem Brunnenkult verbunden, und in Bad Ragaz springt der Maibär von einer Brücke in den Fluss Tamina, die in den Rhein fließt. In Deutschland muss sich der am spätesten zurechtgekommene Bursche als Pfingstling und, wo ein Teich oder Bach ist, als Wasservogel darstellen. Er reitet inmitten seiner Kameraden in den nächsten Wald, wo man ihn mit Laub und

Zweigen einbindet. Dann wird das Dorf im Triumph durchritten. Alle folgen dem Zug zum Bach, wo der Pfingstlümmel oder Wasservogel vom Pferd herab feierlich ins Wasser geworfen wird. In Munderkingen gibt es zum Brunnenspringen verschiedene Erklärungen, die jedoch als neuere Begründungen zu sehen sind: Der Sprung sei ein Bußesprung zum Abwaschen der Sünden der Fastenzeit. Auch zur öffentlichen Erneuerung der Taufe. Oder: Mit dem Sprung gelinge dem jungen Burschen die Aufnahme in die Zunft der Handwerker im Rahmen des Hochzeitsbrauchs. Als Lossprechungsritual des Junghandwerkers.

Heilige Quelle der Notburga im Wald von Bühl, Klettgau.

Noch phantasievoller als die Schlange auf dem Brunnenberg bei Munderkingen ist die Legende der Notburga von Bühl im Klettgau bei Waldshut. Hier wurde offenbar eine alteingesessene Quell- und Erdgöttin verehrt, die Kinder schenkte und das Land fruchtbar machte. Vielleicht hieß sie einmal Ambeth, Matrona oder

Notburga mit ihren neun Kindern. Dorfkirche in Bühl, Klettgau.

Herecura (Aericura), die der römischen Muttergöttin Ceres und ihrer Tochter Kore entspricht. Ein (vor)keltischer Hintergrund ist wahrscheinlich. So soll die heilige Notburga aus Schottland stammen und schwanger über Ostende, Aachen, Mainz und Säckingen schließlich in Bühl angekommen sein. Dort habe sie sich niedergelassen und eine Klause bewohnt, in deren tiefem Kellergewölbe eine Quelle sprudelte, die auf Geheiß der Heiligen entsprungen sei. Am 24. Juni 820 habe sie dann neun Kinder geboren, von denen eines starb. Aus einem Fels, den sie mit einem Stab berührt habe, sei eine weitere Quelle entsprungen, aus deren Wasser sie ihre Kinder taufte.

Auffallend ist bei dieser Notburga die Neunlingsgeburt, die nur von einer göttlichen Ahnfrau bewirkt werden kann, und die enge Verbindung zum Wasserkult. Sie lässt mühelos zwei Quellen hervorsprudeln. Ebenso bezeichnend ist der Tag ihrer Niederkunft: der 24. Juni. Dies ist der Liebes- und Fruchtbarkeitstag Johannis, der wiederum auf die Sommersonnenwende hinweist. Im mythischen Jahreskreis entspricht dieser Tag der Heiligen Hochzeit zwischen der Liebesgöttin und dem Vegetationsheros, damit die Natur erblüht und Früchte trägt. Ferner ist erstaunlich, dass hier die Christianisierung einer alten, kinderschenkenden Erdgöttin noch im 9. Jahrhundert geschieht, und zwar nicht mit der Gestalt der Maria, sondern mit einer Königin aus Schottland. Damit wären wir wieder bei der iro-schottischen Missionierung der Alemannen in der Bodenseeregion angelangt.

HEILIGE STEINE
UND KULTFELSEN

Als der heilige Gallus im 7. Jahrhundert in Arbon am Bodensee die Menschen zum Christentum bewegen wollte, war er dabei so eifrig, dass er seinen Fußtritt auf einem Stein hinterließ. Ebenso soll er in Bregenz in einer Felsnische gehaust haben, worin er auf einem langen, flachen Stein zu ruhen pflegte. Dieser Stein nahm darauf eine menschengestaltige Form an. Im 4. Jahrhundert soll die heilige Aurelia in Bregenz-Fußach wegen ihres Glaubens verfolgt worden sein. Sie rettete sich mit einem einzigen Schritt von Fußach über den Bodensee nach Lindau, wo auf einem Stein im See der Abdruck ihres Fußes zu sehen ist. In Füssen im Allgäu missionierte im 8. Jahrhundert der heilige Magnus. Am rechten Ufer des Lech zeigt man einen Fußtritt im Felsen, den man den Magnustritt nennt. Die Legende will, dass der Heilige von hier an das jenseitige Ufer hinüber geschritten sei, als er entschlossen war, am linken Lechufer ein Kloster zu gründen. Bei Götzis in Vorarlberg soll der heilige Arbogast im 6. Jahrhundert auf einem weißen Kultstein seine Knieabdrücke hinterlassen haben, die während seines Betens entstanden seien. Im gleichen Jahrhundert spielt die Legende des heiligen Fridolin unweit von Götzis in Rankweil. Hier soll er auf einem Stein im nahen Wald so heftig gebetet haben, dass sich auf phantastische Weise der Stein erweichte und sich die Knie eindrückten. Die verschiedenen Beispiele zeigen, wie vielfältig der Steinkult noch im frühen Mittelalter war. Die Missionare kämpften einerseits gegen den „heidnischen" Steinkult an, andererseits wurden die alten Steinstätten durch Wundergeschichten in die christliche Legende einbezogen und so selbst zu Steinen der Heiligen.

Tatsächlich ist der Steinkult so alt wie der Kult der Quellen. Schon das Alte Testament erwähnt eine umfangreiche Steinverehrung. So zum Beispiel die Masseben (Malsteine). Es handelt sich um von Menschenhand aufgerichtete Steine mit religiöser Bedeutung, ähnlich den europäischen Menhiren (Lange Steine). Es sind Weihe- oder Kultsteine, die zur Erinnerung an besondere Ereignisse, zu Ehren von Persönlichkeiten oder für die Ahninnen und Ahnen aufgestellt wurden. Eine biblische Geschichte erwähnt, dass Jakob an einem Stein schlief, der ihm als Kopfkissen diente. Dann nahm er den Stein, stellte ihn auf, übergoss ihn mit Öl und nannte den Ort Bethel (Stein oder Haus Gottes). An anderer Stelle wird berichtet, dass Jakob einen Malstein an der Stelle errichtete,

Der heilige Stein bei der Marienkirche auf dem Hügel von Rankweil (A).

wo er mit dem Göttlichen in Kontakt kam, und goss Trankopfer darauf. Hier findet also die Verehrung der göttlichen Mächte in Form eines aufgerichteten Steines statt. Bald wurden aber auch im Alten Testament die heiligen Steine dämonisiert – gleich wie in Europa, wo das Christentum die Verehrung der Menhire und natürlichen Ahnen- und Altarsteine verbot. Die ehemals göttlichen Weihe- und Massebensteine werden durch eifrige Propheten zu „heidnischen" Monumenten erklärt: „Ihr sollt euch keine Götzen machen und euch weder Bild noch Steinmal aufrichten..." (3. Buch Mose 26,1). Damit verneinen die Propheten ihr eigenes kulturelles Erbe, wie wir oben mit dem Kultstein Bethel gesehen haben. Mit den Umwälzungen im 8./7. Jahrhundert v.u.Z. der Könige Hiskias und Josias von Juda wurden die Masseben vernichtet. Ungeachtet des Verbotes und der Bekämpfung der Steinverehrung sind viele Masseben aber erhalten geblieben.

Nicht viel anders war es im christlichen Europa. Die Kirche ließ anfänglich die Kultsteine verbieten, diabolisieren und zerstören. Jedoch nur mit geringem Erfolg. Deshalb versuchte man, einen anderen Weg einzuschlagen. Nicht durch Vernichtung und Zerstörung der Steine, sondern durch die Integration in die christliche Glaubenswelt sollte eine Vereinnahmung erfolgen. Dies geschah auf unterschiedliche Weise. Durch Aufsetzen eines Kreuzes oder durch Eingravierung christlicher Symbole. So stellte man die paganen Steine in den Dienst der eigenen Religion. Der angelsächsischen Missionar Willibrord (658–739) soll zum Beispiel den oberen Teil des Menhirs von Bollendorf (Kr. Bitburg-Prüm) in ein christliches Symbol – das sogenannte Fraubillenkreuz – umgewandelt haben. Andere Steine wurden in den Dienst des neuen Glaubens gestellt, indem man sie in Kirchen verbrachte, einmauerte oder unter den Altar stellte. So auch den Langen Stein von Kirchhain-Langenstein im Kreis Marburg-Biedenkopf. Er ist der höchste Menhir Hessens und steht dicht neben der Kirche, teilweise in die Kirchhofsmauer einbezogen. Der Archäologe Detert Zylmann schreibt dazu: „Was doch wohl ein Hinweis darauf ist, dass manche dieser Steine bis in die Zeit der Christianisierung in gewisser Weise ihre alte Bedeutung bewahrt hatten, so dass es geraten schien, sie in den christlichen Bereich einzubeziehen und so dem Christentum entgegenwirkende Kräfte aufzufangen." Weniger Glück hatte ein Menhir in Cornwall. Als der heilige Samson von Wales in die Bretagne reiste, wird er Zeuge von Einheimischen, die um einen Kultstein tanzen. Er empört sich über diesen alteingesessenen Brauch und lässt den Menhir zerstören.

Dennoch haben sich viele Bräuche erhalten können. Bereits im 13. Jahrhundert wird urkundlich erwähnt, dass sich einige Menhire an Feiertagen oder an Neujahr drehen sollen. Legt man das Ohr an gewisse Steine, so sind Weh- und Klagelaute zu hören. Für viele sind die Steine immer noch Träger besonderer Kräfte. In der Bretagne haben sie Einfluss auf Liebe und Kindersegen. Der Menhir von St. Cado bei Ploërmel macht sterile Frauen fruchtbar, wenn sie ihren Schoß an einer bestimmten Stelle des Steines reiben. Kinderlose Paare vereinigten sich im Bannkreis der heiligen Steine. In der Gegend von Carnac wurden Steine von kinderlosen Eheleuten umtanzt. Rituelle Tänze im Kerzen- und Fackelschein sowie die Salbung mit Öl sollten die fruchtbar machende Wirkung der Menhire verstärken. Außerdem sind manche Steine zu Wallfahrtsorten geworden. Kranke, die die Steine berühren, erhoffen sich Heilung. Personen, die am Fuß der Steine übernachten, wachen morgens auf, erlöst von ihren Leiden. Die Steine haben somit unterschiedliche Heilkräfte. Wurden sie auf allen Vieren umkrochen oder berührte man sie mit den schmerzhaften Gliedmaßen, so nahm der Stein die Beschwerden.

In der Sagenwelt kommt sehr oft die Versteinerung eines Menschen vor. Entweder wünscht er sich dies selbst wie bei den Brautsteinen in Norddeutschland, oder es handelt sich um eine Strafe für einen Frevel. Sagenumwoben ist die Steinerne Jungfrau von Halle-Dölau (Sachsen-Anhalt). Man erzählt, dass hier einst eine Riesin in ein Gewitter geraten sei. Um ihr Kleid nicht zu beschmutzen und um trockenen Fußes voranzukommen, warf sie ihre Brote in die Pfützen. Wegen dieses Frevels wurden die Brote und sie selbst auf der Dölauer Heide versteinert. Zur Steinernen Jungfrau in Dölau gesellt sich das Steinerne Weib bei Wiesensteig im Landkreis Göppingen. Es handelt sich um eine mächtige Felsensäule links der Straße nach Westerheim über dem sogenannten Kessel. Diese Felsensäule hat die Gestalt einer Riesenfrau, die einen Obstkorb auf dem Kopf trägt. Einst soll dort eine hartherzige Frau gelebt haben, die sogar ihre eigenen Kinder umbrachte. Am Ort, wo sie diese Tat vollbracht haben soll, wurde sie zur Strafe in ein steinernes Weib verwandelt. Wahrscheinlich ist diese Sage jedoch sehr verzerrt überliefert. Denn ursprünglich hat wohl die Steinahnin die Kinder nicht getötet, sondern wie so oft beim Kultstein den Frauen in einem Ritual geschenkt.

In anderen Sagen sind die Steine beseelt. Sie bewegen und drehen sich um die eigene Achse, gewöhnlich um Mitternacht, am Mittag oder um elf Uhr. In der Bretagne sollen einige ans Wasser gehen, sich tränken und wieder an den Steinort zurückkehren. Mit den Steinen ist die Vorstellung von einst lebenden Wesen und Personen verbunden, die geheimnisvolle Kräfte besitzen. Deshalb muss ihnen mit Respekt begegnet werden.

Sehr spannend sind auch die archäologischen Funde von Steinkultstätten, die in Baden-Württemberg zahlreich vorkommen. Bekannt ist zum Beispiel der „Heidenstein" von Schwörstadt im

Heidenstein von Schwörstadt, Landkreis Lörrach.

Landkreis Lörrach. Dieser liegt heute in der Mitte des Dorfes. Es handelt sich um ein ehemaliges Steinkistengrab. Dazu schreibt das Landesdenkmalamt (Dr. Dehn): „Die leicht vorübergeneigte trapezförmige Muschelkalktafel mit einem ovalen ‚Seelenloch' im oberen Drittel ist der letzte Rest eines steinzeitlichen Großsteingrabes. Noch zu Beginn des 19. Jahrhunderts waren die Seitenwände, die Rückwand und die mächtige Deckplatte erhalten. Das seinerzeit im Volksmund ‚Heidentempel' genannte Grab lag in einem Rebgelände und wurde als Rebhäuschen genutzt. Nach Auflassen der Weinberge wurden leider die aus rotem Sandstein bestehenden Seitenwände und die rückwärtige Abschlussplatte zerschlagen und das Material beim Straßenbau verwendet. Die Deckplatte holte sich der Schmied, um sie als Schleifstein zu verwenden. Nur die Frontplatte mit der auffallenden Öffnung, dem ehemaligen Einstieg in das Grab, galt wohl als nicht geheuer und blieb deshalb erhalten. Grabungen, die 1922 und 1926 durchgeführt wurden, konnten einen trapezförmigen Grundriss der Anlage nachweisen mit einer Länge von 3,00 m und einer Breite von vorne 2,60 m und hinten 2,30 m. Obwohl das Innere des Grabes stark gestört war, ließen sich noch 19 menschliche Bestattungen feststel-

Menschengestaltige Steinstele von Rottenburg-Lindele. Heute im Archäologischen Museum von Konstanz.

len. Die Grabbeigaben, u.a. eine Dolchklinge aus Feuerstein und durchbohrte Tierzähne, sind heute im Museum in Bad Säckingen ausgestellt. Sie datieren die Grabanlage in die zweite Hälfte des 4. Jahrtausends v.Chr."

Im Landkreis Tübingen wurde zwischen 1984 und 1995 in Rottenburg-Lindele ein Gräberfeld aus der Eisenzeit ausgegraben. Dabei kamen auch Steinstelen (Menhire) zum Vorschein. Zunächst hielt man sie ebenfalls für eisenzeitlich. Inzwischen hat sich herausgestellt, dass die Stelen ins 3. Jahrtausend v.u.Z. gehören und als ältere Erscheinung (in Zweitverwendung?) in den eisenzeitlichen Friedhof gelangten. Die Stelen sind durch skizzenhafte Andeutung der menschlichen Gestalt gekennzeichnet. Der etwas kleinere der beiden Menhire ist gebrochen. Bei ihm sind Augen, Nase und vielleicht Mund durch einfache Vertiefungen angegeben. Am Hals könnte ein Halsring dargestellt sein. Zweifellos handelt es sich um die Darstellung einer „versteinerten" Person, d.h. um einen Verstorbenen oder um ein göttliches Ahnenwesen. Auch an eine Wächtergestalt ist zu denken.

In Tübingen-Weilheim wurde 1985 beim Bau eines Hauses in der Nähe des Neckars ein bedeutender Menhir aus der Bronzezeit entdeckt. Der etwa 4000 Jahre alte Monolith besteht aus Stubensandstein und hatte ursprünglich eine Länge von 4,5 Metern. Unweit des Fundorts ist heute eine Nachbildung zu sehen. Der Stein ist nördlich der Alpen bisher ohne Vergleich. Auf der ursprünglich nach Westen orientierten Vorderseite sind fünf „Stabdolche" zu erkennen, dazu eine ovale Scheibe oder eine Mondsichel. Diese wird auch als Sonne gedeutet. Auf der Rückseite finden sich zahlreiche Schälchen und Rinnen, die seine kultische Bedeutung unterstreichen. Der Menhir wurde bereits in mehrere Fragmente zerbrochen aufgefunden. Damit haben wir die Vielfalt des Steinkultes etwas beschrieben, der sich in der Bodenseeregion fortsetzt.

DIE HÖHLE ALS ANDERSWELT

Eine unbekannte Welt öffnet sich uns in einer Höhle südlich von Konstanz bei Weinfelden nur eine halbe Stunde vom Bodensee entfernt. Gemeint ist das „Bruderloch", das man auch „Heidenloch" nennt. Die Höhle befindet sich westlich von Schönholzerswilen am rechten Randabbruch des Itobels. Zu achten ist auf einen Parkplatz, ein verwittertes Holzschild mit der Aufschrift „Bruderloch", einen Grillplatz mit Erklärungsschild und einen schmalen Erdweg, der Trittsicherheit verlangt. Gleich nach der Öffnung bog einst der etwa 1,5 Meter hohe Hauptgang fast rechtwinklig ab. Er endet etwa nach dreizehn Metern. Vom Hauptgang aus können links die „Angefangene Kammer" und die „Quellen-Kammer", rechts die „Altarkammer" und die „Große Kammer" erreicht werden.

Eine der wenigen Personen, die sich eingehender mit dieser Höhle beschäftigt haben, ist der Archäologe Karl Keller-Tarnuzzer, der darüber 1924 eine kleine Schrift verfasst hat. Er schreibt: „Die Höhle ist keine Naturhöhle, sondern von Anfang bis zu Ende ein Werk von Menschenhand. Sie ist in tertiäre Nagelfluh, die von Sandsteinbändern durchzogen wird, eingehauen. Sie besteht aus einem durchschnittlich 90 cm breiten gewölbten Gang, von dem aus drei Kammern und eine unvollendete Kammer betreten werden können. Anfänglich ein Meter hoch, steigt der Gang leicht an und wird nach innen etwas höher, doch nur soweit, dass die Höhle in der Großen Kammer Stehhöhe erreicht. Der Gang ist in seinem Hauptstück ziemlich gerade, biegt sich nur in seinem hintersten Teil ein wenig nach rechts, aber nicht mehr, als dass man auf der linken Seite des Höhlengrundes den ganzen Gang bis zum Knick übersehen kann. In der Höhle befinden sich nach innen und außen verschließbare Türfalze, Lichtnischen, eine Sitzbank und eine altarähnliche Nische, hingegen kein Luftloch."

Solche Höhlen, die in der Fachwelt Erdställe genannt werden, bleiben bis heute ein Rätsel. Auszuschließen ist, dass sie als Vorratsräume, Wasserstollen, Bergwerke oder Wohnhöhlen genutzt wurden. Ursprünglich sind sie auch keine Zufluchtsstätten, denn vielfach herrscht in ihnen räumliche Enge, Sauerstoffmangel, Kälte und Nässe. Die meisten Erdstallforschenden sehen in ihnen unterirdische Kultstätten. Ortsnamen, Sagen, Siedlungsgeschichte und der Vergleich mit ähnlichen Anlagen legen einen Ahnenkult nahe. Gebeine oder Grabbeigaben enthalten die Erdställe allerdings keine – sie sind durchwegs fundleer. Eine Deutung

Zugang zur Höhle Bruderloch im Kanton Thurgau.

geht dahin, in ihnen Leergräber zu sehen, d.h. Heimstätten für die Seelen. Im frühen Christentum war die Vorstellung von einem Zwischenzustand der Seelen bekannt, die in unterirdischen Gefilden auf ihre Auferstehung warten müssen. Dies würde wiederum auf die Ahnengeister verweisen, die in den Sagen zu hilfreichen „Zwergen" wurden. Sie bringen Schutz und Segen für die Familie. Eine weitere Funktion kann man im Durchschlupfbrauch sehen, der weltweit praktiziert wird, um Heilung zu erlangen. Damit verbunden ist die Verwendung für Initiations- und Wiedergeburtsriten, wobei die Einzuweihenden in den „Bauch der Erde" eindringen und sich durch enge Schlupfe wie durch die „Gebärmutter" einer Ahnfrau zurück ins Leben pressen. Eine entsprechende Sage mit dem Motiv des Hebammendienstes ist für unsere Kulthöhle erwähnt:

🕮 **Die Höhlenfrau** Die Frau eines in der Höhle hausenden Waldbruders kam einmal in große Not, und der Bruder holte mitten in der Nacht die bekannte Helferin in Mettlen, die dann auch kam und der Frau beistand. Als alles gut vorüber gegangen war, gab der dankbare Waldbruder der Helferin eine Anzahl steinartiger Brocken, die er ihr in die Schürze legte, so dass sie schwer daran zu tragen hatte, und ihrer besonderen Sorgfalt empfahl, da die Steine einen großen Wert für sie hätten. Allein die Beschenkte war misstrauisch und glaubte nicht an des Bruders Worte, weshalb sie alle Steinbrocken bis auf einen, den sie wundershalber mit sich heimtrug, in eine Dornhecke schüttete. Wie bereute sie es aber, als sie den vermeintlichen Stein am folgenden Tag betrachtete und bemerkte, dass es ein Klumpen puren Goldes sei. Die Frau begab sich eilends zur Hecke zurück, wo sie die andern Steine weggeschüttet hatte. Aber sie suchte vergeblich: diese waren aus der Hecke auf Nimmerwiedersehen verschwunden. (nach Keller-Tarnuzzer)

In Europa ist diese Sage sehr verbreitet und geht oft mit den Erdställen einher. Nur haben der „Waldbruder" und seine Frau die Funktion übernommen, die normalerweise Zwerge oder jenseitige Wesen innehaben. Die Hebamme wiederum ist niemand anderes als eine jüngere Frau einer Sippe, die eine Ahnenstätte aufsucht, um die Seele einer verstorbenen Person aufzunehmen und wieder ins Leben zu führen. Es ist daher folgerichtig, wenn in diesem Sagentyp überwiegend Frauen von den jenseitigen Wesen in die Höhle (Unterwelt) gerufen werden, um den Hebammendienst auszuführen. In dieser Hinsicht war die Erdhöhle „Heidenloch" ein Jenseitsort der Ahnen, allen voran der göttlichen Ahnfrau und ihres männlichen Partners. Zum Erdstall gelangt man durch eine Jenseitsreise. Gleichzeitig ist er auch ein Ort der Initiation. Frauen lernen die Zusammenhänge einer ahnenbezogenen Wiedergeburtsmythologie, die seit Jahrtausenden praktiziert wird und bezeichnend ist für eine mutterrechtliche Sippengesellschaft.

Kleine Quelle in der Höhle Bruderloch.

In vielen Erdställen rinnt ein heiliges Quellwasser, das an das Wasser des Lebens erinnert. Dazu ist von einer Sitzbank oder Altarnische die Rede. Doch besonders bedeutsam ist das Höhlenerlebnis: Man kriecht in einen Erdschoß hinein, zurück in den Mutterleib, und kommt als neugeborener Mensch wieder ans Tageslicht. Zudem ist es in zahlreichen Höhlen möglich, den eigenen Herzschlag wahrzunehmen. Viele Forschende schildern ausführlich den überwältigenden Eindruck, den diese Erlebnisse auf sie machten. Die „Hebamme" gelangt somit auch physisch zur Ahnfrau, die als Höhlen-Uterus anwesend ist. Sie hat dort nicht nur die Ahnenseele empfangen, sondern wurde selbst zum Fötus im Mutterschoß, wo sie ihr eigenes Herz schlagen hört. Das Quellwasser und der Höhlengang sind deutliche Analogien zum Körper der Erdgöttin.

Von Bedeutung ist in diesem Zusammenhang ein Frühlingsfest, das noch um 1850 gefeiert wurde. Es war Brauch, am ersten Maisonntag zur Höhle zu gehen und dort den beginnenden Frühling mit Tanz, Gesang, Musik und einem Festmahl zu feiern. In der Höhle wurde im Licht von brennenden Kerzen und Kienspähnen ein Feuer entzündet, wobei man auf eine möglichst intensive Rauchentwicklung achtete. Aus diesem Grund sind die Wände der Höhle schwarz. Auf dem Plateau über der Höhle waren Verkaufsstände aufgeschlagen. Der Brauch ging im 19. Jahrhundert aus Interesselosigkeit verloren. Deutlich erkennen wir den Rest eines Frühlingsfestes, das in die Nähe von Walpurgis und der römischen Cerialia rückt, einem agrarzyklischen Fest der Göttin Ceres.

Dazu fügt sich ein sensationeller Fund, der bisher kaum Beachtung fand. Mitte November 1923 wurde am Bruderloch ein eigenartiger Stein in Form einer kleinen Stele gefunden, der auf seiner Vorder- und Rückseite je ein eingehauenes Loch und eine ganze Reihe von seltsamen Kerben aufweist. Die Basis ist künstlich eingeebnet, um dem Kultstein Stand zu geben. Er wurde direkt unter dem Höhleneingang gefunden, genau dort, wo er hinfallen musste, wenn er aus der Höhle hinausgeworfen wurde. Glücklicherweise besitzen wir ein altes Foto, worauf eindeutig ein Kegelstein zu sehen ist. Er gleicht einem keltischen oder griechischen Nabelstein (Omphalos).

Im griechischen Delphi stand ein entsprechender Stein, den man *Betyl* nannte. Er war der Erdgöttin Gäa geweiht. Auch Aphrodite wurde in Paphos auf Zypern in einem schwarzen

Verschollener Nabelstein der Höhle Bruderloch.

Nabelstein im Heiligtum von Delphi, Griechenland.

Kegelstein verehrt. Im Alten Orient ist der göttliche Stein als *Bethel* bekannt. Für uns bedeut dies, dass die Ahnfrau im „Heidenloch" konkret vorhanden war, nämlich als geformte Schoß-Höhle und als heiliger Kegelstein. Wir finden den Brauch sogar in christlichen Kirchen wieder, wo Kultsteine in der Mitte des Gebäudes liegen oder an Seitenwänden eingemauert sind. Beim Heidenloch ging es nicht so friedlich zu. Wahrscheinlich haben frühe Christen im Kampf gegen die „Heiden" den sakralen Stein aus der Höhle geworfen.

DIE DREI FRAUEN DES SCHICKSALS

Wer von Meersburg nach Salem und weiter nach Heiligenberg fährt, entdeckt dort in der Nähe einen Wallfahrtsort mit dem seltsamen Namen *Betenbrunn* (Brunnen der Beten?). Im Hegau zwischen Singen und Engen erhebt sich der Mägdeberg mit seiner Ruine. Der Name bedeutet soviel wie „Berg der (drei) Jungfrauen". In Reute zwischen Ravensburg und Bad Waldsee wird die „Gute Bethe" verehrt, die auf einem Stein betend auf wunderbare Weise eine Quelle hervorsprudeln ließ. Zwischen Vorarlberg und Liechtenstein erhebt sich die Bergkuppe „Drei Schwestern". Es sind drei Mädchen von Frastanz bei Feldkirch, die auf dem Berg von einem goldsuchenden Venediger in drei Felsen verzaubert wurden. Nicht weit von Frastanz liegt Bregenz, wo man den Kindern einen Reim vorsingt, den die Kleinen auch in Schwaben und Stuttgart im Kniereiterlied hören:

Bregenzer Kinderlied

Rita, rita Rössli
z'Bregez ist a Schlössli
z'Hörbranz a Glockahus
Es luegen drei Poppa drus
Die erst spinnt Sida
Die zwoat glorifigat
Die dritt tuet s Thöaerle uf
Und lot das hoalig Sünnele us.

Stuttgarter Kinderlied

Hotte, hotte, Rössle
In Stuegert stoht e Schlössle
In Stuegert stoht e Dockehaus
Gucken drei alte Jungfern raus
(drei schöne Jungfre raus):
Die eine spinnt die Seide
Die andere die Weide
Die dritte näht den roten Rock
Für unsern lieben Herre Gott.

Die drei Schicksalsfrauen mit dem Lebensfaden.

Auf dem Dinkelberg über Badisch-Rheinfelden steht die Eichsler Kirche an einem wunderbaren Aussichtspunkt. Der Ort war schon zur Römerzeit besiedelt, und es ist anzunehmen, dass sich an der Stelle der heutigen Kirche eine vorchristliche Kultstätte befand. Am dritten Sonntag im Juli wird der Ort zum Mittelpunkt eines altüberlieferten Festes (Eichsler Umgang) zu Ehren der drei Jungfrauen Wibrandis, Kunigundis und Mechtundis. In einer Prozession tragen junge Mädchen die Reliquienschreine der heiligen Frauen ums Dorf, und im Anschluss gibt es ein kleines Fest. Die Statuen der Heiligen befinden sich auf dem rechten Seitenaltar der Kirche. Nach einer Legende gehörten die drei Jungfrauen zur Gefolgschaft der heiligen Ursula, einer englischen Prinzessin, die im 5. Jahrhundert mit 11000 Frauen eine Wallfahrt nach Rom unternahm. Kunigundis, Mechtundis und Wibrandis hätten die Reise wegen Krankheit vor Basel unterbrochen und seien auf dem nahen Dinkelberg gestorben. An ihren Grabstätten sollen sich unzählige Wunder zugetragen haben.

Nicht weit von Stuttgart liegt Bietigheim. Dort, gegen Besigheim zu, gehe seit alter Zeit ein weißes Fräulein um. Einst traf sie mittags um zwölf Uhr einen Mann aus Bietigheim namens Pochterle, indem sie dort im Wald auf einem Felsen saß, dem sogenannten „Kahlenstein". Von diesem Felsen führt ein unterirdischer Gang anderthalb Stunden weit auf den Aspberg. Er soll im Dreißigjährigen Krieg angelegt worden sein. Am Eingang zu diesem Gang saß die Jungfrau und winkte dem Pochterle – sie habe bei der Tür ihren Aussteuerschatz vergraben und müsse so lange „schweben", bis ihn einer hebe. Aber der Pochterle bekam Angst und lief fort. Nach drei Tagen war er eine Leiche. Man hat das weiße Fräulein seitdem schon oft gesehen. Manche sagen, es seien drei Fräulein und sie seien Schwestern gewesen auf einem Schloss, das versunken sei, weil die Schwestern nicht an Gott glaubten.

Auffallend ist, dass die Drei Frauen sowohl im Bayerischen als auch im Schwäbischen, Badischen und Alemannischen vorkommen. Und zwar in Ortsnamen, im Kinderlied, in den Mythensagen und im Brauchtum. Daher wollen wir den Spuren des Dreifrauenkultes etwas nachgehen. In Island heißen die drei Schicksalsfrauen *Blakapa* „Blauröcke". Solche mythischen Blauröcke erscheinen interessanterweise auch in der Tiroler Sagenwelt. Hier sind es in Blau gekleidete Bergfrauen, die man

Willeweis nennt. In Nordeuropa sind die drei Ahnfrauen als *Nornen* „Raunende?" überliefert. Sie bestimmen die Vergangenheit, die Gegenwart und die Zukunft. Die römische Mythologie kennt die drei *Parzen*, ein Wort, das meistens von *Parcae* „Gebärende" hergeleitet wird. Diese sind vergleichbar mit den griechischen *Moiren* „Zuteilerinnen?", die zweifellos vorgriechische Wurzeln haben. In der Dreiheit erscheinen sie dann als Clotho „die Spinnerin", Lachesis „die Loszuteilerin" und Atropos „die Unabwendbare". In Mitteleuropa ist die Mittwinter- und Spinnfrau *Perchta* „die Glänzende?" überliefert. Im östlichen Alpengebiet kennt man die drei Schicksalsfrauen als *Salige* und im ehemals keltischen Gebiet als drei *Bethen*. Viele dieser Göttinnennamen sind noch nicht hinreichend erklärt, und auch der Name Bethen dürfte letztlich auf eine vorkeltische Zeit Europas hinweisen.

In Indien hüten Frauen der unteren Volksschichten die mythologische Tradition. Mit Symbolen bemalen sie die Hauswände oder zeichnen wunderbare Darstellungen auf den Boden. Ein Bildnis aus (vor)hinduistischer Zeit zeigt die Göttin Lakshami. Eine indigene Künstlerin gab ihr einen fülligen Körper, aus dem drei Köpfe blicken. An der Oberweite sind drei Brüste als Spiralen angebracht. Dieses Sinnbild verdeutlicht sehr schön den Gedanken, dass die drei Frauen eigentlich nur eine Gestalt sind und verschiedene Aspekte einer Schöpferahnin zum Ausdruck bringen. Denselben Gedanken finden wir auch in Kleinasien bei der Göttin Hekate. Bildnisse zeigen sie auf einem Thron sitzen. Von ihrem Hals blicken drei Gesichter in alle Richtungen, zudem besitzt sie auf jeder Seite drei Arme. Sie hält Fackeln, Stäbe und Messer in den Händen, flankiert wird sie von zwei Schlangen mit Spiralenschwanz. Gerade mit der Vielarmigkeit (und den drei Gesichtern) kommen die vielen Funktionen sowie die verschiedenen Aspekte auch bildlich zur Geltung. Ein Bildnis aus römischer Zeit, das in Split (heute Kroatien) entdeckt wurde, stellt die drei Parzen dar. Neben ihnen steht der gehörnte Grüne Mann (Waldmensch), den die Römer Silvanus nannten. Die Abbildung belegt, dass die Schicksalsfrauen auch einen männlichen Begleiter besaßen. In keltisch-römischer Zeit hießen die drei Frauen einfach *Matres* „Mütter". Meistens sind es drei sitzende Frauen mit Fruchtschalen auf dem Schoß. Dazu kommen mondartige Hauben, die wie Heiligenscheine aussehen. Besonders in der Region Bonn wurden viele solcher Matronensteine entdeckt.

Die drei „Mütter“ in keltisch-römischer Zeit.

Die drei Schicksalsfrauen mit Heilpflanzen. Holzschnitt um 1500.

Der Glaube an die drei Schicksalsschwestern dauerte in Europa noch bis ins Mittelalter – und in manchen Regionen noch heute. Holzschnitte zeigen die drei mythischen Schwestern mit Heilpflanzen in den Händen, wie sie gerade eine kranke Frau im Bett besuchen. Ebenfalls war es Brauch, dass die Bäuerinnen an Mittwinter für die drei Schwestern den Tisch deckten und diese bewirteten. Dadurch kamen Segen und Schutz ins Haus. Bekannt ist die berühmte Beichtfrage des Bischofs von Worms (965–1025), der ausdrücklich die Frauen nach diesem alten Brauch aushorchen ließ. Alter Glaube war auch, dass die Schicksalsfrauen zu jedem Neugeborenen an die Wiege kamen und dem Kind das Lebenslos zuteilten. In Tirol bestand bis Anfang des 20. Jahrhunderts die Föhre der drei Saligen. Der Baum besaß ein breites Wurzelwerk, aus dem drei Stämme wuchsen. Einer war noch klein und symbolisierte das junge Leben der Saligen. In der Mitte ragte ein mächtiger Stamm empor, der die in voller Stärke stehende Salige verdeutlichte. Und zuletzt sah man einen dritten morschen Stamm. Er erinnerte an den Aspekt der Alten Greisin. Damit sind die Lebensalter der mythischen Saligen bildreich beschrieben: eine Wurzel, jedoch drei verschiedene Stämme in unterschiedlicher Lebensphase. Zu diesen Baum-Saligen gesellt sich im Alpenraum noch ein weiterer Baumkult. So pflegten die Waldleute nach dem Fällen eines Baumes drei Kreuze mit der Axt auf den Strunk zu schlagen. Offiziell sei dies ein Schutz- und Abwehrzeichen. Jedoch ist aus dem Kontext ersichtlich, dass es sich bei diesen drei „keltischen" Kreuzen um das Zeichen der drei Schicksalsfrauen handelt.

Nicht zu übersehen sind die Versuche der Kirche, den angestammten Dreifrauenkult in christliche Bahnen zu lenken. Ein Vorgehen war, die mythischen Schwestern mit den biblischen drei Marien am Grab Jesu umzudeuten. Doch diese Marien werden im Volk sogleich in das Muster der Schicksalsfrauen einverleibt und mit dem seidenen Lebensfaden versehen. Besonders im Kinder- und Kniereiterlied (siehe oben) kommt diese Anbindung an den alten Glauben sehr schön zum Ausdruck, so dass von den biblischen Marien nicht mehr viel übrig bleibt. Eine weitere Methode war, die Gestalt der „Anna Selbdritt" zu präsentieren. Es handelt sich vordergründig um die Darstellung der hl. Anna, ihrer Tochter Maria und des Jesuskindes. Diese Dreiheit wird aber ganz unter-

Katharina, Barbara und Margaretha als die drei Schutzheiligen.

schiedlich abgebildet, und im Volk blieb die Lesart der Triade als „drei Schwestern" vielerorts bestehen. Des weiteren hat man sogar den hl. Nikolaus bemüht, um die drei Schicksalsfrauen zu verdrängen. In der etwas phantasievollen Legende begegnet dieser einem Vater mit drei Töchtern. Da die Familie sehr arm ist, sollen die drei Frauen in ein Schandhaus kommen. Doch am Abend schaut der hl. Nikolaus durch das Fenster in die Kammer der drei Töchter. Diese liegen nackt im Bett und schlafen, worauf er jedem Mädchen eine goldene Kugel ins Bett legt. Genau diese Szene finden wir oft abgebildet. Wo diese Verchristlichung nicht genügte, führte die Kirche die drei Nothelferinnen Margaretha, Katharina und Barbara ein. Deren Attribute sind meistens Drache, Rad und Turm. Auf dem Haupt tragen sie Kronen.

Allerdings kommt auch bei den drei Nothelferinnen sofort wieder die Anbindung an den alten Glauben zum Zug. Lebkuchenformen in Bayern zeigen die „drei Madl" nicht nur mit ihren Attributen, sondern auch in eigenartigen Hauben, die an die Matronen aus keltisch-römischer Zeit erinnern. Zudem machen die Bayern in einem Vers diese Nothelferinnen zu ihren drei schützenden Frauen schlechthin, so dass diese ihre Herkunft aus dem Christlichen schon längst abgestreift haben:

Margaretha mit dem Wurm
Barbara mit dem Turm
Katharina mit dem Radl
Das sind unsere heiligen drei Madl.

Besonders spannend sind Orte, wo die drei Nothelferinnen und die drei mythischen Frauen ohne gegenseitige Durchdringung nebeneinander bestehen. So zum Beispiel in Pfäffikon im Kanton Zürich. In der Kirche sind die drei Frauen Margaretha, Katharina und Barbara abgebildet, während in den lokalen Sagen die Welt der Schicksalsfrauen weiterlebt. Sie erscheinen dort sehr archaisch, nämlich als Schöpferinnen. Durch ihre Kraft soll der Pfäffikersee, das Gras und das Wiesland entstanden sein. Die vorchristlich-keltische Dreifrauentradition scheint hier fast schon ungebrochen in unsere Zeit zu reichen. So wundert es nicht, dass sogar der christliche Dreifrauenkult der Kirche noch zu „heidnisch" war. Die Obrigkeit reagierte und ersann die heiligen drei Könige, die heute als Sternsinger im Kinderbrauchtum umhergehen. Es handelt sich gleichsam um eine männliche Ausgabe der mythischen Schicksalsschwestern, die besonders an Mittwinter und Neujahr gefeiert wurden, wo sie ihr Segenszeichen hinterließen. Dass die drei Könige nicht sehr alt sind, erkennen wir zum Beispiel im Schweizer Rheintal, wo früher in Gams an Mittwinter drei Frauen von Hof zu Hof gingen, dabei sangen und das Anwesen segneten. Genau gegenüber von Gams liegt übrigens die Bergkette mit den „Drei Schwestern". Das magische Schutzzeichen C+M+B, das die drei Könige alias drei Schwestern über dem Hauseingang anbringen, wird offiziell als „Christus Mansionem Benedictat" und somit als „Christus segne das Haus" gedeutet. Jedoch ist diese Herleitung umstritten. Andere sehen darin die Kürzel der drei Könige, die Caspar, Melchior und Balthasar genannt werden. Spannend ist wiederum die Angleichung an den alten Glauben, wenn die geheimnisvollen Buchstaben als Catharina, Margaretha und Barbara interpretiert werden. Eine geniale Volksetymologie rückt dann die ganze Sache ins rechte Licht. So deutet ein Informant aus Süddeutschland die Formel als „Cathel machs Bett", worin die Volksmythologie schlagartig wieder hervortritt. Denn dieses „Bett" erinnert unmittelbar an den keltischen Dreifrauenkult, worin die Schicksalsfrauen *Bethen* genannt werden. In mehr oder weniger christlicher Form erscheinen sie dann als Ambeth, Wilbeth und Borbeth oder als Ainpet, Gberpet und Firpet – so in Leutstetten in der Nähe des Starnberger Sees.

MÄGDEBERG
UND VULKANBERGE

Der Mägdeberg ist einer der berühmtesten Anhöhen im Hegau zwischen Singen und Engen. Er ist Teil der Schwäbischen Alb, der sogenannten Hegau-Alb, und wie die umliegenden Berge entstanden aus der Kraft von Vulkanen und der Gletscher der letzten Eiszeit. Der 664 m hohe Berg befindet sich im Grenzbereich der Ortschaften Mühlhausen, Hilzingen, Weiterdingen und Duchtlingen. Die umliegenden Vulkanberge sind der Hohenkrähen, der Hohentwiel, der Staufen, der Hohenstoffeln und der Hohenhewen. Etwas weiter entfernt sind Rosenegg, Neuhewen und Höwenegg. Auf dem Mägdeberg befindet sich eine Burg (heute Ruine) aus dem Mittelalter mit einer bewegten Geschichte. Seit 1984 ist die Gegend ein Naturschutzgebiet. Funde aus der keltischen Zeit belegen die kulturelle Bedeutung der Erhebung. Offiziell soll der Name *Mägdeberg* auf die Legende zurückgehen, wonach die heilige Ursula mit 11000 „Mägden" am Fuß des Berges gelagert habe. Diese Herleitung ist jedoch unbegründet und gehört zu einer phantasievollen Ausschmückung. Somit wollen wir uns auf die historischen und mythologischen Spuren des Mägdeberges aufmachen.

Der mythische Mägdeberg im Hegau.

Eine ausführliche Schrift zu diesem Kultberg liegt von Eberhard Dobler mit dem Titel „Die Drei Frauen vom Mägdeberg" vor, worin viele Erkenntnisse enthalten sind. So geht der Name der Erhebung auf das althochdeutsche *magad* bzw. *magid* „Jungfrau" zurück, so dass es sich hier in der Mehrzahlform um einen „Berg der Mägde, der Jungfrauen" handelt. Entsprechend hieß die Anhöhe schon um 1240 *Megideberc* und um 1279 *Magdeberc*. Es stellt sich nun die Frage, wer mit diesen „Jungfrauen" gemeint ist. Schon Dobler vermutet, dass es sich um die „keltischen" drei Bethen handelt, die so oft in Sagen und Örtlichkeiten überliefert sind. Jedenfalls ist eine keltische Herkunft nicht ausgeschlossen, wie das Beispiel des nahe gelegenen Hohen-Krähen (Krayen) zeigt. Dieser Vulkanberg hieß um 1191 *Craien*, worin sehr wahrscheinlich das keltische Wort *craig* „Fels" tradiert ist. Und dieses *craig* beruht dann wiederum auf der alteuropäischen Sprachwurzel **car* „Stein, Fels". In ähnlicher Weise dürfte der Mägdeberg in keltisch-römischer Zeit einmal „Betenberg" genannt worden sein, wobei dann in alemannischer Zeit eine Lehnübersetzung stattfand, nämlich von *Beten*-Berg zu *Megide*-Berc. Die Bethen wären dabei genauso „Jungfrauen", wie es das althochdeutsche Magad vermittelt. Aus der Sicht der Sprachgeschichte bedeutet somit *Beth* entweder „Frau, Jungfrau" – und im mythologischen Sinn sakrale Frau – oder es handelt sich bei *Beten-Berg* um einen Doppelnamen „Fels-Berg", so dass *beth* ein Steinwort wäre. In diesem Zusammenhang verweise ich auch auf den Wallfahrtsort *Betenbrunn* bei Heiligenberg im Linzgau. Zu den drei Bethen des Mägdeberges schreibt Dobler folgendes:

„Dieser vorgermanische Kult der ‚Drei Frauen' wurde in unserer Gegend auch von den Alemannen fortgeführt. Die alten Glaubensinhalte und die Kultstätten sind von den Eingewanderten vielfach beibehalten worden, so dass es kaum einmal möglich ist, über die Entstehungszeit einzelner örtlicher Überlieferungen Genaues zu sagen. Nicht selten darf man bei den Kultplätzen, die sich für die alemannische Zeit erschließen lassen, schon eine keltoromanische Tradition vermuten, ebenso wie in den mündlichen Überlieferungen Südalemanniens um die ‚Drei Frauen' oder ‚Drei Fräulein' manches vorgermanische Erinnerungsgut zu stecken scheint. Auf Bergen, in Wäldern und bei Quellen lagen die heiligen Stätten der hilfreichen drei Naturgottheiten. (...) Nach der Christianiserung, die sich in der Bodenseegegend seit dem 6./7. Jahrhundert allmählich von der Oberschicht her durchsetzte, ist die ehrfürchtige Erinnerung an die hilfreichen ‚Drei Frauen' vor allem im einfachen Volk jahrhundertelang erhalten geblieben. (...) So ändern sich für die einfachen Menschen oft nur Namen statt religiöser Inhalte, und Heiligenlegenden wie Heiligenverehrung sind im Volk vielfach an die Stelle vorchristlicher Überlieferungen getreten." (S. 203)

Für den Mägdeberg ist die Heiligenverehrung von „tres virgines" (drei Jungfrauen) schriftlich belegt. Im Nachbardorf Welschingen sollen drei Edelfräulein aus Binningen der Gemeinde einst den „Ertenhag" geschenkt haben. Gleich daneben verdankt die Gemeinde Watterdingen ihren Grießlerwald den drei Grießler Fräulein, und daselbst schenkten in Tengen drei Freifräulein den Bürgern zwei Wälder auf dem Berg. In Hilzingen bei Singen wohnten nach der Sage auf der Burg Gebsenstein drei Fräulein. Diese verbargen sich in einer eisernen Truhe, als einmal der Feind anrückte. Alle diese Sagen von den waldschenkenden drei Frauen, die nicht urkundlich sondern mythisch sind, erinnern an die drei Jungfrauen und ihre Kultstätten. Solche Schenkungssagen knüpfen gerne an ein bekanntes Schloss an, das mit den drei vorchristlichen Frauen als nun vermeintlich historischen Personen in Verbindung gebracht wird. An manchen Fluren hing nur noch eine verschwommene Erinnerung an die hilfreichen Drei Frauen, so dass sich die Sage mit neuen Motiven frei entfalten konnte. Jedoch sind die Erzählungen manchmal sehr direkt, so zum Beispiel diejenige von den drei hilfreichen Zauberfrauen im Heiligental zwischen Tuttlingen und Möhringen, auf die ich schon einmal hingewiesen habe. Die Zauberinnen besitzen wunderschöne weiße Pferde, denen die Menschen ihre Verehrung bezeugen. Hinter den drei Zauberfrauen dürften die drei Bethen oder die keltoromanischen Matronen stehen. Eberhard Dobler sieht sogar eine Verehrung der keltischen Pferdegöttin Epona, die in keltischrömischer Zeit tatsächlich sehr beliebt war.

📖 **Die drei Zauberfrauen im Heiligental** Zwischen Möhringen und Tuttlingen ist ein Tälchen, Heiligenthäle geheißen. Dort, gar nicht weit vom Duttenthal, wo die Duttfee oder Dupfe hauste, hielten sich vor alten Zeiten zwei, andere sagen drei Heidinnen auf, die Zauberei verstanden. Die drei Frauen hatten drei wunderschöne Schimmel, die den ganzen Tag weiden und nichts ackern und nichts ziehen durften. Zu den Frauen kamen die Leute von weiter Ferne, wenn ihnen oder ihrem Vieh etwas fehlte, und holten Heilsames. Vorher mussten die Leute den drei weißen Rossen Ehre erweisen: niederfallen und opfern. Die Zauberfrauen konnten für alles helfen und hatten viele Kenntnis in den heilsamen Kräutern, die sie in Wald und Feld sammelten. Ein Tröpflein aus einem Gütterchen verhalf von der Hexerei; andere Tröpflein ließen die Tiersprache verstehen, wieder andere machten, dass man Diebe und Übeltäter sah und kannte. (nach Birlinger)

In Duchtlingen unmittelbar beim Mägdeberg gibt es die Erzählung, dass im Burgfelsen das Grab der Jungfrauen liegt. Gemeint sind zweifellos die Drei Jungfrauen, denen man im 18. Jahrhundert in der Duchtlinger Kirche jeweils am 16. August gedachte – einen Tag nach Maria Himmelfahrt. Gemäß einer Erzählung auf dem Mägdeberger Hof im 19. Jahrhundert umschließt der Berg in seinem Innern eine weite Höhle mit einem unterirdischen See. Unter dem Berg soll ein riesiges Fass mit tiefrotem Wein vergraben liegen. Die Sagen vom Jungfrauengrab und vom hohlen Berg sind typisch für den Dreifrauenkult. Oft fehlen auch der schwarze Höllenhund und die Goldkiste nicht. Entsprechend verdeutlichen solche Berge die Jenseitswelt der drei Schicksalsschwestern. Es ist die Anderswelt der dreigestaltigen Erdgöttin, wohin die Verstorbenen in ihr Totenreich gelangen, um nach einer gewissen Zeit in die Sippengemeinschaft wiedergeboren zu werden. So hatte jedes Dorf und jede Region seinen Totenberg, wo man die Ahninnen und Ahnen im Reich der Anderswelt besuchen konnte: „Auch der Mägdeberg ist einer jener vielen Totenberge, in denen nach dem Glauben der vorchristlichen Zeit die Verstorbenen der Dorfgemeinschaft ‚in einer hohen Halle' ihrer Wiederverkörperung harrten. Dieser Ort im Innern der Kultberge gehörte im Volksglauben den ‚Drei Frauen', er war ihr Reich und zugleich das Totenreich. Über die Vorstellung vom Totenberg als Reich der Drei Beten ist in der verdunkelten Erinnerung auch der Mägdeberg zum ‚Grab der Jungfrauen' geworden." (Dobler S. 208)

Im nahe gelegenen Dorf Tengen ist sogar vom Grab der Neun Jungfrauen die Rede, also von 3 x 3 Jungfrauen. Sowohl bei diesen als auch bei denjenigen des Mägdeberges handelt es sich jedoch nicht um christliche Heilige, wie manchmal behauptet wird. Es sind auch keine „Mägde" im Zuge der heiligen Ursula. Die vorchristliche Herkunft der drei Jungfrauen geht deutlich aus einer schriftlichen Bemerkung eines Duchtlinger Pfarrers von 1806 hervor, der zum Verehrungstag 16. August der drei Frauen schreibt: „pro tribus virginibus, ut aiunt" – also „für die drei Jungfrauen, wie die Leute sagen." Diese „Mägde" sind somit Volksheilige, denen etwas „Heidnisches" anhaftet, denn sonst hätte der Pfarrer hier keinen Vorbehalt angebracht.

Damit kommen wir zu ein paar landschaftsmythologischen Besonderheiten. Die Anhöhe im Hegau war nicht nur ein heiliger Berg, sondern bei ihm findet sich auch ein Quellenkult. An der Ostflanke des Mägdeberges entdeckt man den Eselsbrunnen, der heute nur noch spärlich fließt. Es muss einst eine kräftige Quelle gewesen sein, deren Wasser man nicht verunreinigen durfte. Bis in die jüngste Zeit hinein galt das Wasser des Brunnens als heilend. Daher verwundert es nicht, dass man noch im 19. Jahrhundert dort die kleinen Kinder holte. Der Hügelberg als Ort des Todes war zugleich eine Stätte, wo das neue Leben von den Drei Schicksalsfrauen geschenkt wurde und die Toten als kleine Kinder wieder ins Leben zurückkehrten. Durch die lebenspendende Kraft der Frauen wurden die Ahnen in die Sippen wiedergeboren. Ein solches Ritual steht ganz im Rahmen einer animistischen Natur- und Wiedergeburtsmythologie mit einer beseelten Welt. Die Kinderherkunft von Quellen, Steinen und Bäumen hat sich erst spät von einer mutterrechtlichen Naturphilosophie zu einer entmythologisierten Erklärung für Kinder entwickelt. Schon alleine die Tatsache, dass das Frauenritual in christlicher Zeit verboten und dennoch heimlich weiter praktiziert wurde, zeigt seine frühgeschichtliche Herkunft an.

Blick vom Mägdeberg zum Vulkanberg Hohenkrähen.

Des weiteren soll unter dem Mägdeberg der Einstieg eines zum Hohenkrähen hinüber führenden Ganges liegen. Dies könnte wiederum mit der Bedeutung der Anhöhe als Totenberg in Zusammenhang stehen. Außerdem wird gesagt, dass zwischen Mägdeberg und Hohenkrähen ein goldenes Kegelspiel vergraben sei. Erinnert hier die Sage an den Goldschatz der Drei Frauen in der Unterwelt? Oder an die drei Goldkugeln der Bethen, die später dem hl. Nikolaus zugeschrieben wurden? Die Kegelspielsage ist übrigens nicht nur vom Mägdeberg und vom Hohenkrähen bekannt, sondern auch vom Hohentwiel. Vom Hohenkrähen berichtet Eberhard Dobler, dass der Berg „dank der um ihn überlieferten Sagen ebenfalls als einstige Stätte der Drei Frauen" zu erkennen ist. Noch wenig Beachtung haben verschiedene Münzen gefunden. So wurden beim Mägdeberg römische Münzen im Bereich des Felsklotzes entdeckt. Sie waren vielfach nahe am östlichen Berghang beisammen, so dass ein Zufall ausgeschlossen werden kann. Dobler vermutet, dass es sich um Münzopfer handelt, die „vom Berg her dem Vollmond oder der aufgehenden Sonne entgegengeschleudert wurden." Beim Hohenkrähen wurden ebenfalls

Römermünzen gefunden, und zwar ausschließlich am Osthang. Damit ist meines Erachtens ein astronomischer Hinweis gegeben.

Wer nun Anfang November frühmorgens auf den Mägdeberg steigt, wird bei guter Sicht einen Sonnenaufgang erleben, der ziemlich genau über dem Hohenkrähen zu beobachten ist. Dasselbe Naturschauspiel ereignet sich Anfang Februar wieder am südöstlichen Horizont beim Hohenkrähen. Umgekehrt geht vom Hohenkrähen aus die Sonne zweimal in Richtung Mägdeberg unter, nämlich Anfang Mai und Anfang August. Mit diesen Beobachtungen sind im Hegauer Horizontkalender vier heilige Jahreszeitenfeste bezeichnet, die auch bei den Kelten gepflegt wurden. Es sind dies Samain (November), Imbolc/Brigid (Februar), Beltene (Mai) und Lugnasad (August). Besonders der alte Bauernwinter von November bis Februar wurde von den drei Schicksalsfrauen regiert, die als Spinnerinnen umgingen. Zudem stieg aus der Unterwelt die Winteralte mit dem Totenzug, die über das vegetationslose Land schritt und in Süddeutschland schwarze/weiße Frau Percht genannt wird. In keltischer Zeit dürfte dies eine der drei Bethen ausgeübt haben. Fügen wir nun die beiden Kultlinien zwischen dem Mägdeberg und dem Hohenkrähen zusammen – nämlich die astronomische Sonnenlinie und den sagenumwobenen, unterirdischen Verbindungsgang der beiden Anhöhen – so ergibt sich ein mythischer Kreislauf. Anfang November ist die helle Jahreszeit endgültig vorbei, und es entsteigen dem Totenberg die schwarze Wintergöttin und die Totengeister. Ihre aktivste Zeit haben sie zwischen Dezember und Januar, wo es am dunkelsten ist. Anfang Februar ist dann der Geisterspuk aus Anderswelt vorbei, und es regiert allmählich die lichte Frühlingsgöttin Brigid. Mit den Sonnenaufgängen über dem Hohenkrähen ist diese Zeitspanne am Horizont ablesbar.

Zwischen dem Mägdeberg und dem Hohenkrähen bestehen also „himmlische" und unterirdische Beziehungen, welche auf die Jenseitswelt und den Sonnenlauf hinweisen. Blickt man nun vom Mägdeberg nach Südosten zum Hohenkrähen, fallen zwei markante Erdhügel auf, die etwa in der Mitte der beiden Kultberge liegen (genauer liegen sie näher beim Mägdeberg). Ihre Flurnamen sind Offerenbühl und Schlüsselbühl. Eine genaue Untersuchung der beiden Hügel steht noch aus.

Die beiden Hügel Offeren- und Schlüsselbühl als Erdbrüste.

Schaut man vom Schlüsselbühl zum Offerenbühl, so befindet sich dieser im Nordosten, und zwar etwa in der Richtung, wo an Mittsommer die Sonne am Horizont aufgeht. Umgekeht liegt der Schlüsselbühl im Südwesten, wo die Sonne an Mittwinter untergeht. Ferner geht die Sonne vom Beobachtungspunkt Offerenbühl an Mittwinter ungefähr beim Hohenkrähen im Südosten auf. Wir haben es demnach mit einem ausgeklügelten Beobachtungssystem zu tun, das mit den Drei Frauen des Mägdeberges in Zusammenhang steht. Diese „Mägde" sind meines Erachtens nicht nur als Frauenberg gegenwärtig, sondern ebenso als Erdgöttin. Denn vom Mägdeberg aus erkennt man die beiden Hügel Offerenbühl und Schlüsselbühl mühelos als Doppelhügel und Erdbrüste. Es sind die Brüste einer Landschaftsahnin, die hier im Hegau im Umkreis des Mägdeberges mit seinem Dreifrauenkult allmählich fassbar wird. Nämlich als weißes Frühlingsmädchen, das hinter Maria Lichtmess im Februar steht, als rote Sommerfrau, die hinter den Liebesbräuchen der Johannisfeierlichkeiten zu finden ist, und als schwarze Winteralte, die an Halloween mit den Allerseelen über die nebelgraue Landschaft zieht.

DRACHENINSEL
REICHENAU

Die Insel Reichenau ist nebst der Insel Mainau das bekannteste Eiland im Bodensee westlich von Konstanz. Sie ist etwa 4,5 km lang, 1,5 km breit und liegt südlich der Halbinsel Bodanrück. Seit 1838 ist sie im eigentlichen Sinn (leider) keine Insel mehr sondern nur noch eine Halbinsel, denn in jenem Jahr wurde der Reichenaudamm gebaut, der eine Verbindung zum Festland herstellte. Der Zugang erfolgt heute meistens auf diesem Damm, sei es mit dem Privatauto oder mit dem Fahrrad. Aber auch mit dem Schiff von den umliegenden Häfen aus ist die Insel zugänglich und mit einem schönen Fahrerlebnis verbunden. Ein Werbeprospekt schreibt dazu: „Schon die Zufahrt auf die Insel lässt ein Wohlgefühl aufkommen und versprüht den Charme der Gemeinde. Der Damm ist auf beiden Seiten von Pappeln flankiert und bietet eine wunderschöne Aussicht. Auf der linken Seite reicht der Blick über den Untersee bis hinüber an das Schweizer Bodenseeufer. Rechts schweift das Auge über den Gnadensee, an dessen Uferzonen sich ein breiter Schilfgürtel des Naturschutzgebietes Wollmatinger Ried befindet. Im Hintergrund ragen die Höhen des bewaldeten Bodanrück empor." Zum Glück hat man bis heute auf große Hotelanlagen verzichtet, die das Landschaftsbild verunstalten würden.

Das besonders milde Klima, die fruchtbaren Böden, der Wasser- und Fischreichtum sowie die üppige Vegetation haben die Reichenau zur Gemüseinsel schlechthin gemacht. Die „Reiche Au", wie die Insel heißt, ermöglicht daher den „Auern", bis zu dreimal im Jahr ernten zu können, was auch den traditionellen Weinbau weit übertrifft. Landschaft, Klima und der reich gedeckte Tisch machen die Insel zu einem ruhigen Erholungsort. Das müssen auch die Mönche gemerkt haben, die ab dem 8. Jahrhundert auf die Insel kamen und dort ein Kloster gründeten. In der Folge finden wir daher gleich nach dem Damm die St. Georgskirche in Oberzell, das Münster St. Maria und Markus in Mittelzell sowie die Stiftskirche St. Peter und Paul in Niederzell. Unmittelbar mit der Klostergründung verbunden ist der heilige Pirmin, der in einer modernen Statue beim Damm die Besucher grüßt. Doch woher stammt Pirmin?

Seine Herkunft ist nur schwer fassbar, sein Geburtsjahr unbekannt. Er selbst soll aus Irland, Aquitanien (Frankreich) oder Spanien stammen. Auch der Name wechselt zwischen Pirminius,

Mythische Landschaft Insel Reichenau.

Perminius und Priminius. Als gesichert gilt, dass ein Pirmin im Auftrag des fränkischen Hausmeiers Karl Martell (714–741) mit mehreren Mönchen im Elsass und am Oberrhein missionierte und dabei um 724 auch an den Bodensee und auf die Reichenau kam. Eine im 9. Jahrhundert verfasste Lebensgeschichte im Kloster Hornbach in der Pfalz berichtet, dass ihm der alemannische Adelige Sin(t)laz eine Insel geschenkt habe, die nach ihrem Besitzer Sinlazesouva heiße. Jedoch sei die Insel voll mit Kröten und Schlangen gewesen, die dann von Pirmin auf wunderbare Weise vertrieben wurden. Im Badischen Sagenbuch von J. Waibel und H. Flamm lesen wir dazu folgendes:

📖 **Schlangen auf der Reichenau** Sintlas war ein frommer Mann und eifrig um die Verbreitung des Christentums in seinem Gebiet besorgt. Seinen Bemühungen gelang es, den heiligen Pirmin als Apostel für seine Heimat zu gewinnen. Im Jahre 724 kam jener in das Gebiet des Sintlas, der ihn bat, ein Haus der Andacht in der Gegend zu gründen. Der Heilige wählte dazu die nahe Insel, die der See von allen Seiten umfloss; weil sie aber voll greulicher Würmer war, riet ihm Sintlas ab. Pirminus Entschluss blieb jedoch fest; von einem Schiffer begleitet, fuhr er auf die Insel hinüber, die damals nur finstere Wälder, dorniges Gebüsch und Sümpfe enthielt, worin eine Unzahl Kröten, Schlangen, giftige Insekten und anderes Getier hausten. Als der Heilige südlich von Deichmanns Schlösschen ans Land stieg, da entstand wunderbarerweise an der Stelle, wo sein Bischofsstab die Erde berührte, eine Quelle. Die hässlichen Tiere aber flohen und schwammen über den See. Drei Tage und drei Nächte soll ihre Flucht gedauert haben. Als nun die Insel für immer von den Tieren befreit war, reinigte Pirmin mit vierzig seiner Genossen das Eiland von dem wildverschlungenen Gesträuch, und bald war die Insel für Menschen wohnlich.

Pirmin vertreibt Schlangen von der Insel Reichenau. Gemälde aus dem 17. Jahrhundert.

Jedoch muss die Insel nicht so schlimm von den „Untieren“ bevölkert gewesen sein, denn in der Lebensgeschichte (Vita) des Pirmin wird zugleich erwähnt, wie die Insel vorzüglich sei mit ihrem Klima, der Fruchtbarkeit und einem angenehmen Ambiente.

Musste die Insel daher zuerst dämonisiert werden, um sie dann durch einen Gottesmann zu christianisieren? Und wer sind die „Untiere" eigentlich auf der Insel? Nachdem diese aus dem Weg geräumt wurden, begannen die Mönche gleich, auf der Reichenau zu roden und zu bauen. Drei Jahre später, nach dem Bau der ersten Holzkirche, verließ Pirmin die Insel. Vermutet wird, dass das alemannische Herzoghaus die Klostergründung mitten in ihrem Kerngebiet als Provokation empfand und Pirmin vertrieb. Als Wanderbischof ohne Bistum wanderte er noch einige Jahre umher, bis er 753 im schon genannten Kloster Hornbach starb.

Es ist nun spannend zu sehen, wo und wann auf der Reichenau die drei Kirchen gebaut wurden. Der romanische Kirchenbau des Münsters in Mittelzell stammt aus dem 8. und dem 11. Jahrhundert. Er steht an der Stelle der ehemaligen Klosterkirche. Pirmin und seine Gefährten haben die erste Holzkirche nicht irgendwo auf der Insel errichtet, sondern in deren Mitte. Sie haben sich gleichsam das Zentrum und das Herz des Eilandes ausgesucht, um darüber einen christlichen Bau zu erstellen. Ein Missionar ging aber oft dorthin, wo ein „heidnischer" Platz war, den er zerstören oder bekehren konnte. Solche Stätten gab es gewiss auch auf der Insel, und eine davon lag meines Erachtens in Mittelzell beim Münster. Überhaupt beginnt ja die Geschichte der Reichenau nicht mit der Christianisierung im 8. Jahrhundert, wie es die herkömmliche Geschichtsschreibung gerne verbreitet. Sogar die Kultur sei erst in dieser Zeit entstanden. Ist dies nicht eine sehr einseitige und eigennützige Geschichtsschreibung? Denn die Insel hat zweifellos eine viel längere Geschichte, die geprägt ist von Alemannen, Römern, Kelten sowie Menschen der Bronze- und Jungsteinzeit, die am Bodensee mit unzähligen Funden belegt sind. Wahrscheinlich befand sich vor dem Kirchenbau in Mittelzell ein heiliger Stein oder eine Quelle. Ein alter Kultstein dürfte auch den Platz der Georgskirche in Oberzell bezeichnet haben. Die Kirche wurde um 900 errichtet, die romanischen Elemente und Anbauten stammen aus dem 11. Jahrhundert. Besucht werden oft die vielen Wandmalereien aus dem 10. Jahrhundert sowie die Darstellung des „Geschwätz der Frauen", das Teufel auf die sogenannte Kuhhaut schreiben. Ebenfalls ein vorchristlicher Kultplatz war die Kirche Peter und Paul in Niederzell. Sie steht auf dem Grund einer ehemaligen Basilika aus dem 8. Jahrhundert. Bei einem Umbau

Kirche St. Georg auf der fruchtbaren Insel Reichenau.

wurden romanische Fresken aus dem 12. Jahrhundert freigelegt. Diese befinden sich in der Apsis vom Mittelschiff.

Durch die Kirchenplätze ist es also möglich, die alten „heidnischen" Orte auf der Insel Reichenau wieder zu finden. Was könnte sich an solchen Kultstätten zugetragen haben? Pirmin verfasste während seiner Bekehrungszeit eine Art Handbuch für die Missionierung, den sogenannten Scarapsus. Darin beschreibt er allgemein pagane Bräuche im fränkisch-alemannischen Gebiet. Einige Rituale dürften auch auf die Reichenau zutreffen. Und obwohl er die Praktiken abwertet und verdammt, erwähnt er sie wenigstens schriftlich. So verrät er uns im Kapitel 21 und 22 seiner Schrift manche ethnologische Traditionen, die damals noch gepflegt wurden:

„Keine Frau nehme einen Trank, um abzutreiben... Die Frauen sollen keinen Teufelstrunk [medizinisches Wissen] einnehmen, dessentwegen sie nicht empfangen können... Ihr sollt nicht Götzenbilder anbeten; besonders Felsen [Steinkult] und Bäumen [Baumkult], Ecksteinen, Quellen [Wasserkult] und Kreuzwegen sollt ihr keine Gebete und keine Gelübde darbringen... Wahrsagern, Magiern... Weissagen durch Vögel [Prophetie]... sollt ihr nicht glauben... Das Fest der Frühlingsfeuer und das Begehen des Ersten eines Monats, einen Lorbeerzweig aufhängen, auf den Schritt achten, über einen Leichnam Frucht und Wein ausschütten, Brot in den Brunnen werfen, oder wenn Frauen beim Weben Minerva anrufen, den Tag der Venus oder einen anderen bestimmten Tag nur zur Hochzeit nehmen... Zeichen, Amulette, Kräuter und Bernstein sollt ihr euch und den euren nicht umhängen... Auch sollt ihr denen nichts geben, die sagen, die Seelen der Verstorbenen [Ahnen] könnten Gewinn bringen. Glaubt nicht den Feuerschauerinnen, die den Menschen ein Schicksal nennen, um irgend etwas Zukünftiges anzukündigen. Am ersten Tag des Monats sollt ihr nicht Felle von Hirschen oder Pferden [erotische Hirsch- und Pferdespiele?] anziehen. Männer sollen keine Frauenkleider und Frauen sollen keine Männerkleider an diesen Tagen oder zu anderen Spielen tragen. Glieder aus Holz sollt ihr nicht für Kreuzwege, für Bäume oder für etwas anderes schnitzen und darbringen, denn sie können euch die Gesundheit nicht bringen. Bei Mondfinsternis sollt ihr nicht schreien [um dem Mond zu helfen, wieder zu erscheinen?]. Keiner soll Teufelsgesängen [Schamanengesängen?] glauben und nicht wagen, sie über sich singen zu lassen. Kein Christ soll es wagen, bei den Kirchen, in den Häusern, an Kreuzwegen oder an irgendeinem anderen Ort Reigen, Sang- und Tanzspiele oder Scherze und verwerfliche [erotische] Spiele zu treiben... nicht irgendein Gleichnis von dem, was oben im Himmel oder unten auf der Erde oder was unter der Erde im Wasser ist... nicht auf Träume achten... der die Wahrheit von den Toten erfragt... achtet nicht auf eure Träume... Dagegen betet an und verehrt den Einen und Dreifaltigen Gott." (nach Engelmann)

Pirmin hat uns mit seinem Missionsbüchlein nicht nur einen Einblick in die damalige Glaubenswelt verschafft – wenn wir diese von den Vorurteilen des Missionars befreien – sondern auch seine sehr engstirnige Sichtweise vermittelt. Denn hier stehen sich im Grunde genommen zwei sich ausschließende Weltauffassungen gegenüber, nämlich die animistisch-schamanische Welt einer beseelten Natur auf der einen Seite und die monotheistisch-dualistische Welt der Bibel.

Ich möchte nun auf meine oben gestellte Frage zurückkommen, wen Pirmin mit den Schlangen auf der Reichenau eigentlich austreibt. Dazu ist es notwendig, die Mythologie einer älteren Glaubenswelt kennen zu lernen, die noch bei Kelten, Griechen und Römern fortlebte, jedoch ihre Wurzeln in der Frühgeschichte hat.

Zudem wurde einst ein Ort, eine Kultstätte oder eine Landschaft doch recht unterschiedlich betrachtet, als es Pirmin später in seiner christlichen Sozialisation darstellt. Ein zentraler Begriff dieser naturbezogenen Mythologie ist der Genius loci (Ortsgeist), der allen Örtlichkeiten und sogar Personen innewohnt. Gemäß römischer Lebensphilosophie hat jeder Mensch einen Genius. Ursprünglich wurde der Begriff für beide Geschlechter verwendet, entsprechend besitzen Frauen eine „Juno" als Schutzgeist. Juno bedeutet „junge Frau". Zudem gibt es noch einen Geburtsgenius (Genius natalis). Dem Genius wird zusammen mit der Erdgöttin (Tellus) und dem Waldgott (Silvanus) im Herbst eine sakrale Feier mit Blumen- und Weinopfer gewidmet. Man dankt dabei dem Genius natalis für das neue Jahr und trägt Wünsche für die Zukunft vor. Er wird vorwiegend als Schlange abgebildet, die sich um einen Altarstein windet und die daraufliegenden Opfergaben verzehrt. Einen Genius haben auch Gruppen von Menschen, einzelne Gebäude, eine Stadt sowie Orte und Landschaften. Im Alten Griechenland bezeichnet man den Genius als *Daimon* „Zuteiler des Schicksals", d.h. das, was die drei Schicksalsfrauen (Moiren) aktualisieren. Jeder Mensch erhält bei der Geburt einen Daimon. Dieser ist wie der Genius göttlicher Anteil des Menschen – eine Art Seelenteil und Schutzgeist – als auch Schicksalsbestimmer. Er gilt als der nach dem Tod überlebende Teil des Menschen. Auch der griechische Daimon wird als Schlange versinnbildlicht.

Altarstein und Schlange als Genius loci.

Die Schlange als Ortsgeist (Genius loci). Darstellung in einem römischen Hausaltar.

Die Umrisse der Insel Reichenau zeigen das Sinnbild eines Drachen. Die alten Plätze der drei Kirchen liegen zudem auf einer Kultlinie, die astronomisch orientiert ist: Sonnenaufgang an Mittwinter, Sonnenuntergang an Mittsommer.

Und wie steht es mit der Insel Reichenau? Wenn nun die Heiligen Beatus in der Schweiz, Magnus im Allgäu und Pirmin am Bodensee einen Drachen oder eine Schlange austreiben, so beschwören sie damit den Ortsgeist einer Schlucht, eines Flusses, einer Höhle oder eben einer Insel. Sie verbannen gleichsam den Lebensgeist einer Landschaft, der nicht selten als weibliche Schöpfungskraft aufgefasst wurde. Der Ortsgeist des Heiligentales bei Tuttlingen sind die drei Zauberfrauen mit den weißen Pferden, wie weiter oben dargestellt, und auch beim Mägdeberg im Hegau sind die „Mägde" (Drei Schicksalsfrauen) der Genius loci im Umkreis der Vulkanberge. Auf der Reichenau ist die (Drachen)-Schlange der Ortsgeist der Insel, was nicht nur in der Legende des heiligen Pirmin zwischen den Zeilen hervorgeht, sondern immer noch ganz konkret sichtbar ist. Betrachtet man nämlich die Insel „von oben" – also in der Vogelperspektive, wie es in schamanischen Kulturen üblich ist – zeigt sich die Insel in einer Besonderheit: als Dracheninsel. Ihr Kopf ist dabei der Ausläufer von Niederzell. Dann folgen an der Nord- und Südseite die beiden Flügel. Das Herz bildet Mittelzell mit dem alten vorchristlichen Platz des Münsters, und das Körperende zeigt der Bereich Oberzell an. Diesen Umriss einer Drachengestalt im See verkörpert die Insel mindestens seit keltischer Zeit, d.h. die Dracheninsel war zur Zeit Pirmins sicher erkennbar.

Auf eine schamanische Tradition dürfte auch die typische Einteilung der Insel in Ober-, Mittel- und Unterzell hinweisen, die mit dem alten Drei-Welten-Bild korrespondiert. In früheren Kulturen war die Welt in drei Ebenen eingeteilt, die miteinander verbunden waren und einen einheitlichen Kosmos bildeten. Es sind dies die Oberwelt mit dem Himmel, die Mittelwelt mit den auf der Erde wohnenden Menschen und die Unterwelt mit den Mächten der Anderswelt. Durchdrungen sind diese drei Sphären mit einer Weltachse und einem Zentrum, die man sich als Baum, Säule, Turm, Berg und Insel vorstellte. In Nordeuropa (Germanen) nannte man die Oberwelt Asgard, die Mittelwelt Midgard und die Unterwelt Hel. Und auch eine hölzerne Weltensäule kannten diese Völker, die sie Irminsul „große Säule" nannten. Das schamanische Weltbild wurde auf die Landschaft übertragen, besonders in vertikaler Sichtweise auf Berge, Ebenen und Schluchten. Aber ebenso ist eine horizontale Sichtweise möglich, so zum Beispiel bei einem Fluss mit der Einteilung in Ober-, Mittel- und Unterlauf. Auf der

Insel Reichenau entspricht Mittelzell mit dem Münster dem schamanischen Midgard, ein Wort, das sich aus germanisch mid „Mitte“ und gard „Hof, Garten, Gehöft“ zusammensetzt. Entsprechend ist Niederzell die Unterwelt Hel und Oberzell die Oberwelt Asgard. Nimmt man die geographische Orientierung der Insel hinzu, schwimmt der Drache tatsächlich nach Nordwesten in die Jenseitswelt, die meistens im Norden oder Westen angesiedelt wird.

Und selbst eine Weltsäule ist erkennbar, jedoch in horizontaler Weise. Zudem ist sie mit einer astronomischen Hauptorientierung verknüpft. Blickt man nämlich vom Münster in Mittelzell – dem mythischen Zentrum der Insel – in Richtung Georgskirche (der hl. Georg ist übrigens ein Drachentöter) nach Oberzell, so geht hier am südöstlichen Horizont jeweils an Mittwinter (21. Dezember) die Sonne auf. Schaut man umgekehrt von Mittelzell nach Nordwesten zur Peter-und-Paul-Kirche in Nieder- oder Unterzell, so geht in dieser Richtung jeweils die Sonne an Mittsommer (21. Juni) unter. Die drei Kirchenplätze mit ihren alten Kultplätzen bilden dabei eine erstaunliche Kultlinie, die nicht nur astronomisch orientiert ist, sondern auch die schamanische Weltachse der Dracheninsel darstellt.

Das Luftbild der Reichenau zeigt die Insel in Drachengestalt.

Sonnenuntergang auf der Insel Reichenau.

Die Dreiteilung eines Gebietes und Kultsteine an Kirchen sind in der Bodenseeregion keine Seltenheit. Bei Salem zum Beispiel gelangt man nach Leutkirch, das aus ein paar wenigen Häusern besteht. Die umliegenden Weiler heißen Obersten, Mittelsten und Untersten. Manche vermuten, dass sich die Endung *-sten* von Stein ableitet und nicht von Oberstenweiler etc. Jedenfalls entdeckt man im Kirchhof der Dorfkirche einen aufgerichteten Stein (Menhir), der hier wohl nicht ganz zufällig ruht. In Betenbrunn bei Heiligenberg findet sich in der Wallfahrtskirche an der Seite ein rötlicher Kultstein eingemauert, und auch in Arbon gegenüber Lindau ist der Fußstein des Gallus beim Eingang zur Galluskapelle gut sichtbar. Hinzuweisen ist außerdem auf den Menhir von Birnau-Seefelden bei Überlingen, der direkt an der Umfassungsmauer der Seefelder Kirche steht. Die Inselgruppe Werd bei Stein am Rhein besteht aus der Hauptinsel Werd sowie aus den beiden Inseln Mittleres und Unteres Werdli. Hinter der Hauptinsel mit der Kapelle liegt im Wasser der bekannte Werdlistein, der nach dem Volksmund ein Drehstein ist. Und auch im Chiemsee in Bayern finden wir drei Inseln, so die berühmten

Fraueninsel, Herreninsel und Krautinsel. Ob die Dreiheit der Insel Reichenau mit den Drei Frauen (Bethen) in Zusammenhang steht, ist schwer zu sagen. Allerdings wurde der Dreifrauenkult oft in den Marienkult aufgenommen, und das Münster in Mittelzell ist zweifellos ein Marienmünster. Es stellte ursprünglich den Kern der gesamten Reichenauer Klosteranlage dar. Hinzu kommen auf der Reichenau die beiden vorchristlichen Jahreszeitfeste Mittsommer und Mittwinter, die durch die astronomische Kultlinie der drei Kirchenplätze gegeben sind. Die Angelsachsen bezeichneten noch im Frühmittelalter die Wintersonnenwende bzw. Weihnachten als *Modranicht*, d.h. „Nacht der (drei) Mütter".

HEILENDE ORTE
IN BREGENZ

Bregenz und der Bregenzerwald liegen in der östlichen Bodenseeregion. In unmittelbarer Nähe befinden sich Lindau, das Allgäu und das Delta des Alpenrheins, der hier eine bezaubernde Naturlandschaft geschaffen hat. Ebenfalls in den Bodensee fließt die Bregenzer Aach. An die Stadt anschließend erhebt sich der Gebhardsberg mit einer Flur „Hexenplatz" sowie der Hausberg des Ortes, der Pfänder mit 1063 m Höhe. Auf diesen Berg führt eine Seilbahn, und von der beliebten Anhöhe gewinnt man einen wunderbaren Ausblick über den See, die Ebene und die Berge.

Bis heute hat man noch keine Pfahlbausiedlung in der Bregenzer Bucht gefunden. Entweder gibt es tatsächlich keine Spuren aus der Jungsteinzeit, oder eine solche Zeitschicht blieb bisher unentdeckt. Erst in die keltische Eisenzeit fällt der Stadtname *Brigantion* (> Bregenz), das nach der römischen Eroberung Rätiens ab 15 v.u.Z. zum Kastell Brigantium ausgebaut wurde. Entsprechend wird der Bodensee in römischer Lesart *Lacus Brigantinus* genannt, die keltischen Bewohner selbst hießen nach dem Ort *Brigantier*. Die Sprachwurzel dazu lautet *brig* mit der Bedeutung „Anhöhe". Noch ältere Bezeichnungen für den See lauten *Lacus Venetus* (Obersee) und *Lacus Acronius* (Untersee). Unser heutiges *Bodensee* geht auf ein *Lacus Bodamicus* zurück, das auf die Pfalz Bodman zwischen Kontanz und Stockach hinweisen soll.

Stimmung über dem Bodensee am Ufer von Bregenz.

Der Gallenstein in Bregenz als ehemalige Tempelanlage. Heute Ort der Landesbibliothek.

In Bregenz befand sich ein alter Kultplatz beim Gallusstift bzw. beim Gallenstein, wo heute die Vorarlberger Landesbibliothek ihre Schätze hütet. Einst lag an diesem Ort eine Tempelanlage bzw. eine „heidnische Opferstätte". Um 1904 entdeckte man einen mit drei Sternen und einer Opferschale gekrönten Weihealtar aus dem 2. oder 3. Jahrhundert. Er trägt eine fragmentarisch erhaltene Widmung an eine lokale Gottheit. Die Übersetzung lautet: *Dem Gott Har(...?) hat Aurelius Augustus das Gelübde freudig und gern nach Verdienst erfüllt*.

Die Nennung „HAR" bezieht sich auf einen einheimischen (vor)keltischen Götternamen und steht wahrscheinlich mit einer weiteren (verschollenen) Inschrift an den Gott Mercurius Arcecius in Verbindung. Bei *Arcecius* handelt es sich ebenfalls um den Namen einer einheimischen Gottheit. Weitere Inschriftsteine überliefern folgendes: *Handelsleute der Brigantier widmen diesen Stein allen Göttern und Göttinnen*.

Etwa 300 Jahre später gründen die Missionare Columban und Gallus an dieser Stelle eine klösterliche Niederlassung, die anfänglich aus den einzelnen Zellenhäuschen und der Aureliakapelle (der heutigen Pfarrkirche St. Gallus) bestand. Nach der Überlieferung wohnte Gallus zeitweilig in einer Höhle am Gallenstein. Diese Höhle wurde in den Bau der ersten Gallensteinkirche am westlichen Ausläufer des Stiftareals miteinbezogen und von der Bevölkerung durch Jahrhunderte hinweg verehrt. Der Gallenstein war ein Felsstück oder eine Grotte, in der die Mönche lebten. Neben der Kapelle existierte eine Sandsteinplatte mit dem Abdruck einer liegenden, menschenähnlichen Gestalt: der Legende nach die Ruhe- und Schlafstätte des heiligen Gallus. Bis 1808 war mit diesem heiligen Stein ein alter Kult verbunden. Es war Brauch, sich bei schüttelndem oder kaltem Fieber in die Höhlung zu legen. Es ist denkbar, dass dieser Heilstein ein Ahnenstein war und die Gottheit *Har* verkörperte, denn dieser Name dürfte einfach „Stein" bedeuten.

Gemäß der legendenhaften Lebensgeschichte des heiligen Gallus soll dieser einmal am See seine Netze ausgebreitet und dabei das Gespräch zweier „Dämonen" vernommen haben: den Berggeist und den Seegeist. Vielleicht handelt es sich dabei um die keltorätischen Gottheiten Har und Arcecius. Zu diesen Bregenzer Ortsgeistern gesellen sich die keltische Pferdegöttin Epona und eine Göttin der Fruchtbarkeit. Ein Relief einer auf einem Pferd sitzenden Epona wurde im Martinsturm in der Bregenzer Oberstadt gefunden. Das Original befindet sich heute im Vorarlberger Landesmuseum. Zudem verehrte man im römischen Brigantion eine Göttin des Glücks mit einem Füllhorn in der Hand, so dass an eine Fortuna oder an eine Segen spennende Stadtgöttin zu denken ist.

Die keltische Göttin Epona mit Pferden. Relief aus Bregenz, 2. Jahrhundert.

Das Epona-Bildnis am Martinsturm von Bregenz.

Die Galluslegende berichtet weiter, dass das Volk in Bregenz „drei eherne und vergoldete Bilder“ verehrt habe. Bei einer „gewohnten Tempelfeier“ sei der Missionar vor die versammelten Menschen getreten und habe sie ermahnt, sich zu bekehren. Am Schluss der Standrede habe er die Götterbilder ergriffen, sie am Felsen zerschlagen und in den See geschleudert. Die Folge war, dass ein Teil des Volkes „seine Sünden bekannte“, eine wütende Menge jedoch erzürnt wegging. Nach der Zerstörung sei der Tempel der heiligen Aurelia geweiht worden. Die Legende betont hier auffallend die Dreiheit der paganen Bildnisse. Früher vermutete man, dass es sich dabei um die römische Dreiheit Juno, Minerva und Jupiter handle. Der im 19. Jahrhundert schreibende Franz Josef Vonbun, Verfasser der „Sagen Vorarlbergs“, berichtet von einem „Kessel voll Bier als Opfertrank“ vor den drei ehernen Bildnissen und möchte sie den „alemannischen Göttern Wodan, Thor und Freya“ zuschreiben. Sowohl die römische als auch die alemannische Herkunft der drei Gottheiten ist bis heute unbewiesen. Hingegen sehe ich diese im Rahmen des verbreiteten Dreifrauenkultes, also im Bereich der drei Schicksalsfrauen oder Bethen. Diese überlebten in Vorarlberg beim heiligen Berg „Drei Schwestern“ mit seiner seltsamen Sage der drei Mädchen aus Frastanz. In Bregenz kennt man das Kinderlied von den drei „Poppa“ (Mädchen), die in einem Schloss wohnen, den seidenen Faden spinnen und die heilige Sonne herauslassen. Und in Gams im Alpenrheintal, gleich gegenüber des Dreischwesternberges, gingen jeweils am 6. Januar nicht die drei Könige um, sondern von Haus zu Haus drei heilige Frauen und segneten das Anwesen.

Der Kult einer göttlichen Dreiheit hat sich interessanterweise in christlicher Form im Bregenzerwald erhalten, und zwar in den „seligen“ Geschwistern Merbod, Diedo und Ilga, die immer noch angerufen werden. Nach der Legende sollen diese im 11./12. Jahrhundert in Bregenz gelebt haben. Merbod soll im Kloster Mehrerau aufgewachsen sein und sei dann als Priester nach Alberschwende geschickt worden. Dort habe er ein krankes Kind geheilt, sei aber dann von Übeltätern erschlagen worden. Am Ort seines Todes errichtete man eine Kapelle, wo heute die St.-Wendelins-Kapelle steht. Davon berichtet Franz Vonbun: „Darin steht eine Bildsäule des Seligen auf einer steinernen Tafel. Diese ruht auf vier steinernen Füßen über einer offenen schmalen Vertiefung. Hier soll Merboths Grabstätte sein. Ganz in der Nähe dieser Stelle ist unter dem Fußboden der Kapelle eine kleine Quelle, zu der man auch außerhalb der Kapelle durch einen sehr schmalen Gang sich hindurchdrängen kann. Das Wasser wird von augenkranken Wallfahrern als Heilmittel benutzt. Insbesondere ruft man den seligen Merboth für kranke Kinder an. Kleiderstückchen von Kindern legen fromme Wallfahrer der erwähnten Statue auf die Arme und legen die Kinder selbst auf jene steinerne Tafel. Als Dankeszeichen für wunderbare Hilfe hängen an der Wand der Wendelinskapelle bei der Statue des Seligen zahlreiche Votivtäfelchen und wächserne Abdrücke von kindlichen Gliedmaßen."

Merbods Bruder Diedo soll ebenfalls in den Bregenzerwald gegangen sein, und zwar nach Andelsbuch, wo er um 1097 gestorben sei. Begraben liegt er in der Pfarrkirche des Dorfes. Noch Anfang des 18. Jahrhunderts legten Frauen Kleidungsstücke auf sein Grab. Wenige Schritte östlich der Kirche sprudelt in Andelsbuch der sogenannte Diedobrunnen. Hier soll der Einsiedler einst seinen Durst gestillt haben.

Am meisten angerufen wird jedoch Ilga, die Schwester von Merbod und Diedo. In Bregenz habe sie ihr früheres Leben aufgegeben und sei ihren Brüdern in den Wald nach Schwarzenberg gefolgt. Die Sage berichtet: „Hoch oben auf dem Lorenapass, über den der Weg von Alberschwende nach Schwarzenberg führt, nahm eines Tages Ilga von ihren Brüdern Merboth und Diedo Abschied, und zwar an einer Stelle, wo aus hartem Gestein eine Quelle vortrefflichen Wassers hervorsprudelt, das auch bei der größten Winterkälte nicht gefriert. Ilga fasste nach herzlichem Abschied aus dieser Quelle Wasser in ihre Schürze und trug es mit sich nach ihrem Einsiedlerhüttlein. Sie hatte es etwa eine halbe Stunde von der nachmals erbauten Pfarrkirche von Schwarzenberg aufgeschlagen und vermisste da Wasser. Dreiviertel Stunden weit hatte Ilga schon das Wasser in der Schürze getragen, da verschüttete sie nicht weit von ihrer Einsiedelei etwas davon. An der Stelle entsprang sogleich eine Quelle, die noch heute zu sehen ist. Das übrige Wasser brachte sie glücklich in die Zelle, goss es auf den Boden, und auch da sprudelte sofort eine Quelle des vortrefflichsten Wassers, die heute noch den Namen Ilgaquelle hat. Die Einsiedlerin starb in ihrer Zelle im Jahr 1115. Über ihrem Grab wurde später die Pfarrkirche Schwarzenberg gebaut. Das Wasser der Ilgaquelle wird wie jenes in der Wendelinskapelle zu Alberschwende häufig von Augenkranken benutzt." (nach Vonbun)

Ilga mit dem Quellwasser. Bildnis in der Ilgakapelle oberhalb von Schwarzenberg im Bregenzerwald.

Von wenigen Ausnahmen abgesehen, hat man sich bis heute noch kaum gefragt, ob diese drei Seligen des Bregenzerwaldes historische Personen, Gestalten erdichteter Legende oder mythologische Figuren aus keltoromanischer Zeit sind, denen die Kirche ein christliches Gewand gab. Der Historiker Alois Niederstätter schreibt dazu unumwunden von einer Konstruktion von Geschichte(n) und schreibt in seinem Fazit: „Die Verehrung und die dazu geschaffenen Kultstätten der drei ‚Seligen' in Andelsbuch, Alberschwende und Schwarzenberg sind zwar wertvolle Zeugnisse der Volksfrömmigkeit, der kirchlichen Kunst- und Baugeschichte, für örtliche Identitäten, sie brauchen aber keineswegs zwingend auf historische Personen dieses Namens zurückzugehen, können ohne weiteres auch sekundären Ursprungs sein. (...) Was über die (allzu) dünne älteste Überlieferungsschicht hinausgeht, sind also im Laufe der Jahrhunderte aus mehr oder weniger deutlich erkennbaren Motiven geschaffene Konstrukte. Insbesondere ist keines der vorgeblichen Todesdaten durch Quellen abgesichert. Ihre Festlegung diente zunächst aus religiöskultischen Motiven der Historisierung überwiegend legendhafter, durch Lebenzeugnisse nur sehr schwach – bzw. – im Fall Ilgas – gar nicht greifbarer Gestalten. Das Kloster Mehrerau war selbstverständlich in hohem Maß an der Kreation eines ‚Hausheiligen' vom Schlag Merbods interessiert."

Aus historischer Sicht sind demnach die drei Seligen kaum fassbar und ein Konstrukt des Klosters Mehrerau, das die Legende geschaffen und verbreitet hat. Dennoch konnte das Kloster die drei Seligen nicht einfach aus dem Nichts hervorbringen, sondern knüpfte wie so oft an einen älteren „heidnischen" Kult an, transformierte diesen und machte aus den alteingesessenen Gestalten christliche Heilige mit einer mehr oder weniger ausgeschmückten Wundergeschichte. Auch vor einem fallweisen erfundenen Märtyrertod schreckte man nicht zurück. Somit bleibt von der Legende nicht viel übrig. Als gesichert kann jedoch eine vorchristliche, göttliche Dreiheit angenommen werden, die im Bregenzerwald noch im Mittelalter verehrt wurde. Der Kult war im Volk offenbar so verbreitet, dass die Kirche mit einer phantasievollen Legende reagierte und die alten Kultplätze christianisierte. Dazu schreiben die Historiker Hermann Denz und Manfred Tschaikner:

„In Erzählungen über magische Orte spiegeln sich oft noch Überlieferungen aus älteren Traditionsschichten wider. Hier soll also eine De- und Rekonstruktion von Mythen versucht werden, mit der Hypothese, dass dadurch die älteren Schichten und mit ihnen Erzählungen über vorchristliche Göttinnen und Götter inhaltsanalytisch/hermeneutisch freigelegt werden können. Aus den Anfängen der Besiedlung des Bregenzerwaldes gibt es keine schriftlichen Dokumente. So sind die Legenden die wahrscheinlich ältesten Quellen, die etwas über die Weltdeutung der Bewohner aussagen können. Zum einen ist es die Legende der drei Geschwister Merbod, Diedo und Ilga – die sicher älteste ‚Geschichte' des Bregenzerwaldes. Dass diese Legende einen historischen Kern hat, der auf die Zeit der Besiedlung um 1100 verweist ist unumstritten, neu ist die Hypothese, dass sie auch einen Kern hat, der auf die Zeit vor der dauerhaften Besiedlung verweist. Aus der Struktur der Geschichte selbst kann geschlossen werden, dass der ins Christliche gewendeten Erzählung frühere Ebenen zugrunde liegen: Merbod wurde von den Bewohnern des Bregenzerwaldes erschlagen. In manchen Überlieferungen, weil er die Leute missionieren wollte, in anderen weil er einen Streit schlichten wollte, aber dies scheint schon eine Christianisierung des Konflikts zu sein. Dies deutet bereits darauf hin, dass es Religion abseits des Christentums auf alle Fälle gegeben hat. Neben der inneren Struktur der Legende sprechen auch die in der Legende vorkommenden Orte dafür, dass es sich um eine christliche Bearbeitung älterer Kulte handelt... Die Forschung ging früher davon aus, dass der Bregenzerwald vor dem 11. Jahrhundert zwar nicht besiedelt, aber bekannt und zumindest zeitweise genutzt war: ‚Schon die Räter trieben im Sommer ihr Vieh aus dem Rheintal über die Pässe auf die über der Baumgrenze liegenden Alpweiden.' Die neuen Funde zeigen, dass der Bregenzerwald schon seit der Eisenzeit (ca. 800 v.Chr.) sicherlich nicht sehr dicht, aber dauerhaft besiedelt war."

Als gemeinsames Merkmal der Legendendreiheit Merbod, Diedo und Ilga kann ihr Wasser- und Quellenkult gelten. Gerade dieser führt uns wieder zu einer vorchristlichen Naturverehrung mit einer mythischen Dreiheit. Am eindrücklichsten mit Wundern belegt ist die Gestalt der Ilga. Schon allein ihre Quellwunder weisen sie als umfassende Wasserheilige aus. Zweifellos wurde

Ilgakapelle oberhalb von Schwarzenberg an einem Wanderweg.

im Bregenzerwald eine ehemalige Quellgöttin mit der seligen Ilga christianisiert. In Schwarzenberg sprudelt ihre Heilquelle neben der Kapelle. Dazu schreibt Manfred Tschaikner: „Ich war im Zuge der Forschung mehrfach an der Ilgaquelle beim Vorsäß Halden (hier steht auch die Ilgakapelle). Es waren jedes Mal kleine Gruppen von Menschen – in erster Linie Frauen unterschiedlichen Alters – an der Quelle, die Wasser in Flaschen abfüllten. Der Glaube an die Wirksamkeit der Quelle ist also immer noch vorhanden."

In Bildstein, nur wenige Kilometer von Bregenz entfernt, befindet sich eine Maria-Wallfahrtskirche. Unter dem Hauptaltar entspringt eine Heilquelle, die unter dem Fußboden der Kirche fließt und über den Hügel bis zum nächsten Haus geleitet wird, wo sie sich aus drei Röhren ergießt. In Fluh bei Bregenz kennt man das heilsame Wasser eines Wendelinbrunnens. Und auch in Möggers an der Grenze zum Allgäu sprudelt eine Heilquelle. Sie wird Ulrichbrunnen genannt und entspringt unter dem Altar der Kirche. Der Kult der heiligen Quellen ist somit in der Region vielfach belegt. Und im Bregenzerwald ist ein Dreiquellenkult unübersehbar. Hören wir dazu nochmals den Historiker Tschaikner: „Die Lage der Kapellen und Kirchen, die Vielzahl der Quellen und ihre Lage an alten Wegen, die Ungereimtheiten der Legende, die magische Dreizahl, die traditionellen Kulte – alles weist darauf hin, dass es sich auch hier um die Christianisierung älterer Quell- oder Wasserkulte handelt. Die Verbindung historischer, archäologischer Befunde, der Vergleich mit anderen ähnlichen Gegebenheiten und die typischen Muster (Zahlen, Kulte) legen diese latente Bedeutung der Legende nahe."

Wie schon oben erwähnt, ist die legendenhafte Ilga mit ihren Wundern die am meisten mythologisierte Wasserheilige des Bregenzerwaldes, so dass ich auf diese Quellfrau zurückkommen möchte. Aus ihrem Schoß entspringt eine Heilquelle, ein Motiv, das sie mit vielen Quellgöttinnen verbindet. Daher betrachte ich sie als ehemalige Erd- und Wassergöttin, die aus ihrem Körper das

Die heilende Quelle im Wald bei der Ilgakapelle.

Wasser des Lebens spendet. Anderswo wird nicht der hervorquillenden Erdschoß erwähnt, sondern Tränen, die einen Bach entstehen lassen. Hier ist also das Auge die mythische Öffnung. Die einstige Quellgöttin hat in der Legende in der christlichen Ilga an landschaftsmythologischer Tiefe verloren, jedoch in der Sage hat sie ältere Züge bewahren können. So zum Beispiel im Vorarlberger Montafon bei Bludenz. Dort liegt in der Nähe Sankt Anton, wo einmal die „gottlose" Stadt Prazalanz stand. Die Bezeichnung „gottlos" meint hier, dass die Bewohner das Christentum ablehnten oder sich gegen eine Missionierung wehrten. Im Nordosten an einer Felswand entspringt ein kleiner trüber Bach, der über die Alma der Ill zufließt. Es wird nun gesagt, dass an der Quelle des Bächleins seit undenklicher Zeit eine Jungfrau als Geist umgeht und einen kostbaren Schatz hütet. Sie soll auf Erlösung warten, was jedoch ein jüngeres Motiv aus der christlichen Religion ist. Um die Jungfrau zu „erlösen" und den Schatz zu heben, muss ein Bursche eine ungeheure Kröte, die auf dem Deckel der Schatzkiste sitzt, dreimal auf den Mund küssen. Diesen Mut brachte aber bisher noch keiner auf. Daher weint die Jungfrau Ströme von Tränen, die in den Bach fallen. Davon heißt es das Tränenbächlein.

Im Vergleich mit der Ilga ist die Quellgöttin der Sage noch wenig christianisiert. Sie gehört aber schon zum feenhaften Bereich der Weißen Frau am Wasser mit ihrem Gold- und Silberschatz. Mit ihrer Schatzkiste, der Kröte als Tier der Unterwelt, dem erotischen Kuss und dem Lebensfluss aus ihrem Körper (Augen) steht die Jungfrau in der mythischen Anderswelt. Eine Variante dieser Schatz- und Jungfrauensage ist außerdem, dass es sich um drei mythische Frauen handelt. Damit wären wir wieder bei der älteren Mythenstruktur der Merbod-Diedo-Ilga-Legende angelangt, die als Hintergrund den vielfach belegten Quellen- und Dreifrauenkult aufweist. Dass in der Legende Vermännlichungen vorkommen, spricht nicht gegen diese Annahme, denn auch dieses Mittel ist typisch für den patriarchalen Mythos.

MYTHISCHE ORTE

ARBON Fußstein des Gallus

Arbon ist eine kleine Stadt zwischen Bregenz und Konstanz am Schweizer Bodenseeufer. Bei guter Sicht sieht man über den Bodensee nach Friedrichshafen, Lindau, zum Rheindelta und nach Bregenz, das genau in östlicher Richtung liegt. Schon in der Frühgeschichte haben hier Menschen in Seeufersiedlungen gelebt, später folgten Kelten, Römer und Alemannen. Die Römer nannten den Ort *Arbor Felix*, was „glücklicher Baum" bedeuten soll. Jedoch handelt es sich um ein Missverständnis, denn *Arbor* bezieht sich sehr wahrscheinlich auf den Fluss Steinach, der bei Arbon sein Mündungsgebiet in den Bodensee hat. Somit liegt ein Gewässername vor.

Die Stadt spielt auch in der Lebensgeschichte des heiligen Gallus eine Rolle. Von hier aus segelte er nicht nur nach Bregenz weiter, sondern missionierte ebenso die Gegend von Rorschach-Arbon. In Arbon selbst befindet sich heute neben der Kirche die Galluskapelle, wo beim Eingang in einer Nische der sagenumwobene Fußstein des Gallus eingemauert ist. Wenn der Einsiedler jeweils von St. Gallen der Steinach entlang nach Arbon gekommen sei, soll er auf diesem Stein gepredigt haben. Einmal so eifrig, dass er mit einem Tritt seine Fußspur hinterließ. Eine weitere Kultstätte befindet sich im Arboner Forst, wo eine heilige Quelle sprudelt. Gallus habe an diesem Wasser auf seiner Wanderung seinen Durst gestillt, daher heißt der Born in der Nähe von Mörschwil der Gallenbrunnen.

Eine Variante der Fußsteinsage berichtet, dass die Spuren von einem Zweikampf mit dem Teufel stammen. Jedoch ist es fraglich, ob der Heilige und der Teufel jemals auf diesem Stein standen. Aus geologischer Sicht ist die Sache ohnehin geklärt, denn es handelt sich um eine natürliche Auswitterung. Trotzdem führt uns der Fußstein zu einem vorchristlichen Steinkult am See, der möglicherweise bis in die Frühgeschichte reicht. So stand einmal nördlich von Arbon am Ufer der Flur Zelg ein größerer Steinblock, der heute verschollen ist. Aus der Überlieferung geht hervor, dass es ein sogenannter Drehstein war, also um einen Stein, der sich jeweils am Mittag, um elf Uhr oder an Mitternacht umdreht. Von einem weiteren Drehstein ist westlich von Arbon zwischen Feilen und Steiniloo die Rede. Man findet den Elfistein aus Muschelsandstein

Abendstimmung bei der Galluskapelle in Arbon (CH).

Fußstein in der Nische beim Eingang zur Galluskapelle.

am Feilenbach südlich vom „Büelhof" in natürlicher Lage: „Von einem Findling am Bachufer beim Bühlhof-Arbon von über acht Meter Länge, drei Meter Höhe und drei Meter vom Ufer vorstehend, hieß es früher, er drehe sich einmal, wenn man elf Uhr läuten höre." (nach Keckeis)

Aus der Legende des Gallus geht hervor, dass der Arboner Fußstein einmal ein Hexenstein gewesen sein könnte. Denn als der Missionar und seine Gehilfen am See „Dämonen" austrieben, soll einer dieser Geister eine „Hexe" gewesen sein, die in drei Sätzen über den Bodensee gelangte. Sie sprang dabei nach Lindau, wo im See zwei Steine liegen, die beide den Namen Hexenstein tragen. Die Hexe soll nun vom Schweizerufer mit einem Schritt zuerst auf den kleineren, mit dem zweiten auf den größeren und mit dem dritten Schritt ans Land gesprungen sein. Bei niederem Wasserstand ist in der Lindauer Bucht ein Kultstein immer noch zu sehen. Aufschlussreich ist nun, dass auch auf diesen mythischen Steinen einst der Abdruck menschlicher Füße zu

Drehstein am Feilenbach von Arbon-Bühlhof.

erkennen war – genauso wie beim Fußstein von Arbon. Meines Erachtens handelt es sich daher bei diesem Kultstein ursprünglich um einen weiblichen Ahninnenstein, der dann in christlicher Zeit zum Hexenstein oder zum Fußstein des eifrig predigenden Gallus umgedeutet wurde.

BETENBRUNN Kultstein am Quellort

Den Wallfahrtsort Betenbrunn erreicht man am besten via Überlingen und Heiligenberg, wo eine kleine Fahrstraße nach Betenbrunn führt. Die Marienkirche steht auf einer Quelle, und auch auf dem Vorplatz findet sich ein schöner Brunnen mit einer Mondsichel-Maria auf der Säule. Die Kirche wird 1275 erstmals urkundlich mit dem Namen *Bettenbrunnen* erwähnt. Im Kunstführer von Anton Schnell heißt es 1983: „Der Name wird auf einen Brunnen der drei Beten zurückgeführt, die als Betreuerinnen der Toten von den Kelten verehrt wurden, oder auf einen Mann namens Betto oder auf einen heilkräftigen Brunnen." Somit wäre also der Wortteil *Betten* ein alemannischer Personenname, eine Gewässerbezeichnung oder ein Hinweis auf den Dreifrauenkult, den wir schon mehrmals mit den drei Bethen beschrieben haben. Diese Herleitung ist wohl am wahrscheinlichsten, wobei auch mit Überlagerungen der Namen zu rechnen ist.

Während der Christianisierung des keltoromanischen Platzes wurde der alte Sinngehalt der drei Bethen teilweise auf Maria übertragen. So thront an der linken Seitenwand ein Gnadenbild der Madonna im Strahlenkranz. Dieser Kranz wird als Sonnenstrahlen gedeutet, ist aber eigentlich ein uminterpretierter Ährenkranz, wie dies die vorchristlichen Göttinnen gerne aufweisen. Interessanterweise kommt diese Art der Madonnendarstellung nur während weniger Jahrzehnte im 15. Jahrhundert vor und wurde dann verboten. Ein Bildnis eines mystischen Brunnens ist auf der Altartafel des Gnadenbildes zu erkennen. Wir sehen dort ein großes Wasserbecken, in dessen Mitte eine Säule emporragt. Auf der Säule selbst steht eine dem Himmel nahe Maria. Überraschenderweise sind die Röhren des ausfließenden Heilwassers nicht in einer normalen Position nach unten, sondern wie das Mondhorn aufwärts gerichtet. Dargestellt

Brunnendarstellung in der Kirche von Betenbrunn.

Brunnen auf dem Vorplatz der Kirche von Betenbrunn.

ist Maria als Quelle des Lebens, die mit ihrem heilenden Wasser die Menschen tränkt. Der Sinngehalt des Bildes lässt sich bis in die Frühgeschichte zurück verfolgen, wo göttliche Ahnfrauen durch die Milch ihrer Brüste die Menschen nähren. Noch heute gibt es zum Brunnen Frauenwallfahrten um Kindersegen.

Das bedeutsamste Relikt von Betenbrunn befindet sich heute ebenfalls in der Seitennische. Es ist ein rötlicher Stein, der in die Wand bei der Pieta eingemauert ist. Von Besonderheit ist nicht nur seine Farbe, sondern eine schlitzartige Kerbe, in die man die Hand einfügen kann. Eine Legende erzählt, dass ein Soldat aus Schweden mit seinem Säbel das Gnadenbild zerschlagen wollte, jedoch abgeglitten sei und dem Stein eine Kerbe zugefügt habe. Auch auf dem Haupt der Marienfigur soll sich eine kleine Kerbe befinden. Diese Schweden-Geschichte dient offenbar dazu, den Kultstein irgendwie zu erklären. Glaubwürdig ist sie jedenfalls nicht. Zweifelhaft ist zudem, dass ein Säbel die Kerbe des Steines verursachte. Die Höhlung erscheint vielmehr natürlich oder nachbearbeitet. Überhaupt ist ja der rötliche Kultstein viel älter als der Glaubenskrieg im 17. Jahrhundert oder die Marienkirche aus dem 13. Jahrhundert. Ähnliche Steine mit roter Farbe wurden in Europa als Braut- oder Rechtssteine bezeichnet. Und nicht zuletzt weist die rötliche Kerbe darauf hin, dass es sich um einen weiblichen Kultstein mit einer Schoßöffnung handelt, in die das Volk die Hand hineinstreckte. Eine solche Berührung des Ahninnensteines bewirkt Segen und Glück.

Vielleicht war es dieses mythische Ritual, das der Kirche nicht ganz geheuer war. Andererseits wurde der Stein in die Kirchenmauer eingelassen und nicht einfach zerschlagen, wie wir es von vielen Kultsteinen in Europa kennen. Das hätte wohl dem Frieden im Dorf geschadet. Zudem hat man ihn in der Weise eingemauert, dass die rötliche Öffnung sichtbar blieb. Dennoch ist ein Zwiespalt geblieben. Auf einer Postkarte aus den 1980er Jahren ist die Seitennische sehr gut abgebildet. Eine andere Postkarte aus derselben Zeit zeigt den ganzen Innenraum der Kirche, wobei der Bethen-Stein hinter einem Gitter verschwindet und kaum sichtbar ist. Auf der ersten Karte jedoch fehlt der Kultstein völlig, sollte aber gemäß dem Bildausschnitt vorhanden sein. Eine Probe der Karte zeigt, dass der Stein wegretuschiert wurde.

Der heilige Stein in der Kirche von Betenbrunn.

Weniger Glück hatte ein Bildnis in Hondingen bei Fürstenberg südlich von Donaueschingen. Dort befindet sich eine Kirche, deren Anfänge bis ins 11. Jahrhundert zurückgehen. Aus dem Jahr 1869 ist eine Schrift von dem damaligen Pfarrer Franz Sales Dörler erhalten, der uns die altheilige Tradition des Ortes überliefert. Er schreibt, dass hier ein Tempel für die Göttin Bittin stand. Aus der ganzen Gegend seien die Leute zur Verehrung der Ahnfrau zusammengekommen. Überhaupt hätten die Hondinger nur widerwillig das Christentum angenommen, und zwar wegen des alten Heiligtums. Das Bildnis der Bittin, eine Statue aus dem 8. Jahrhundert, wurde auf dem Kirchenspeicher aufbewahrt. Dann kam das Jahr 1706. Anlässlich einer Umdeckung des Kirchendaches wurde das „Götzenbild" auf dem Speicher entdeckt und dann auf dem Kirchenplatz in Anwesenheit des Volkes verbrannt. Es soll die Inschrift „dea petitiones" getragen haben, was auf den Kult der drei Bethen bzw. der Göttin Bittin hinweist. Nach der Verbrennung der „heidnischen" Göttin trat an ihre Stelle die Jungfrau Maria, die seither viele Wallfahrer angezogen habe.

Überraschend ist, wie lange sich hier der Bethenkult halten konnte. Nicht weit von Hondingen liegt außerdem der Hegau mit seinen Vulkanbergen, mit dem Mägdeberg und den Dreifrauensagen. In Betenbrunn wiederum existieren der Kultstein und der Marienkult bis heute nebeneinander.

BIRNAU-SEEFELDEN Menhir und Gericht

Die Klosterkirche Birnau zwischen Unteruhldingen und Überlingen liegt am Südhang des Überlingersees, dem nordwestlichen Ausläufer des Bodensees. Sie ist auf einer Terrasse über dem See gebaut und umgeben von schnurgeraden Rebgärten. Im Innern der Kirche wird die Barockzeit überdeutlich: eine überwältigende Flut von Fresken und Verzierungen schlägt dem Besucher schon beim Eintritt entgegen. Angefangen hat alles sehr einfach, mit einer kleinen Marienkapelle aus dem frühen 13. Jahrhundert. Heute befindet sich vor der Fassade eine große Terrasse mit wunderbarem Ausblick über den See bis zu den Gipfeln der Schweizer Berge Säntis, Altmann und Churfirsten.

Von Birnau führt ein Weg nach Maurach und weiter nach Seefelden, alles dem See entlang. Diese Ortschaft hat bis heute ihren dörflichen Charakter am Bodensee erhalten. Die Kirche St. Martin von Seefelden besitzt einen Turm, der anfänglich ein alter Wehrtum aus dem 9. Jahrhundert ist. Im unteren Teil des Turms war einst eine Gerichtsstätte. Hier, so berichtet die phantasievolle Legende, soll der heilige Gallus eine Messe gehalten haben.

Klosterkirche Birnau über dem Bodensee.

Die alte Friedhofsmauer diente ursprünglich als Wehrmauer. Im 11. Jahrhundert führten die Pilgerzüge nach Santiago de Compostela auch durch Seefelden. An der Seite nach Oberuhldingen, am Eingang rechts, lehnt ein Kultstein (Menhir) an der Friedhofsmauer. Leider ist über diesen aufrechten Stein nichts bekannt. Manche glauben, er befinde sich an seinem ursprünglichen Ort. Auffallend ist jedenfalls, dass hier der Pilgerweg durchging und am Platz eine Gerichtsstätte war.

Kultstein an der Kirchenmauer von Seefelden bei Überlingen.

Vermutlich gehört der Menhir zu den verschiedenen Kultsteinen rund um den Bodensee. So zum Beispiel zum Stein gegenüber von Überlingen. Dort liegt nach der Sage von Anton Birlinger im See ein oben viereckiger, platter Fels, der nur bei tiefem Wasserstand aus dem See schaut. Diesen Fels nennt man den „Teufelstisch", der damit an die „Hexensteine" in der Bucht von Lindau erinnert. Wahrscheinlich war er ein Opferstein.

ENGEN Ahnfrau und Kultberg Hohenhewen

Engen ist eine kleine Stadt im Hegau zwischen Singen und Tuttlingen im Umkreis der Vulkanberge. Von historischer Bedeutung gilt die schöne Altstadt, ebenso der nahe gelegene Hausberg Hohenhewen bei Anselfingen. Seit 1977 steht die gesamte Altstadt unter Denkmalschutz. Etwa zwei Kilometer östlich Richtung Bittelbrunn öffnet sich das Brudertal mit zwei frühgeschichtlichen Höhlen und einem Eiszeitpark, der in den letzten Jahrzehnten angelegt wurde. Das von Ost nach West verlaufende Tal entstand während der letzten Eiszeit vor etwa 22000 Jahren. Dabei schuf die Natur auch die berühmte Petershöhle und die nicht weit entfernte Gnirshöhle. Beide Höhlen wurden von Eiszeitmenschen vor 16000 bis 13000 Jahren immer wieder als Jagd- und Lagerplätze genutzt. Das ist auch der thematische Schwerpunkt des Eiszeitparks. Es wird versucht, die damaligen Lebensverhältnisse möglichst originalgetreu zu rekonstruieren. Hanglagen des Brudertals wurden abgeholzt und mit eiszeitlichen Gewächsen bepflanzt. Silberwurz, Küchenschelle, Preisel-, Moos- und Heidelbeere, Wacholder, Sanddorn und Weide spielten bei der Ernährung sowie medizinischen Versorgung der damaligen Menschen eine wichtige Rolle. Schautafeln erläutern Jagdtechniken, weitere Nutzpflanzen oder Wissenswertes über die Herstellung von Kleidung und Werkzeugen. Zu verdanken ist der Eiszeitpark archäologischen Grabungen in den 1920er Jahren durch Eduard Peters. Alleine im Brudertal wurden mehr als 2000 Nähnadeln aus Knochen gefunden. Berühmt geworden ist der kleine Petersfels durch die schwarze Ahnfrau und durch andere Schmuckanhänger aus Stein oder Knochen, die oftmals stilisierte Frauenfiguren zeigen. Die Funde können im Museum von Engen bewundert werden.

Eiszeit-Höhle Petersfels bei Engen im Hegau.

Der Kultberg von Engen ist der Hohenhewen mit seiner Höhe von 846 m. Um 1170 erbauten die Herren von Engen eine mächtige Burg, nannten sich Herren von Hewen und herrschten fast 400 Jahre über die Region. Heute liegt dort nur noch eine Ruine. Eine Wanderung auf den Berg lohnt sich. Nach dem Anstieg von etwa 300 m bis zur Ruine erlebt man eine zauberhafte Aussicht über den gesamten Hegau und bei guter Sicht sogar bis zum Bodensee und zu den Alpen. Ein Aussichtsturm befindet sich auf der Bergspitze, um noch höher hinaufzukommen. Vor allem bei Sonnenuntergang ist es ein Genuss, das Lichtspiel bei den gut sichtbaren Anhöhen Mägdeberg, Hohenkrähen und Hohentwiel zu beobachten.

Das stilisierte Frauenfigürchen vom Petersfels ist etwa 15000 Jahre alt und weist eine Öse auf, so dass die Ahnfrau als schützender Talisman getragen wurde. Noch älter ist das ausgeprägte Frauenfigürchen vom Hohlen Fels bei Blaubeuren-Schelklingen am Südfuß der Schwäbischen Alb. Dieses ist etwa 35000 Jahre alt und besitzt eine Art Öse über den Schultern. Demnach wurde die Ahnfrau ebenfalls als Anhänger getragen. Darauf deuten

Ahninfigürchen beim Petersfels als heutiges Wahrzeichen.

entsprechende Polituren in der Öse hin. Beide Figürchen gelten im süddeutschen Raum als Urmütter der Steinzeit. Die Ahnfrau von Schelklingen ist die bisher älteste Menschendarstellung überhaupt.

Den Eiszeitmenschen vom Petersfels waren die Höhlen schützender Fels, doch auch Sinnbild des Bergenden und der mütterlichen Erdgöttin. Diese schenkte den Frauen die kleinen Kinder, die als wiedergeborene Ahnen aufgefasst wurden. In der Landschaft ließ sie die Pflanzen wachsen, damit sich Menschen und Tiere von ihren Früchten ernähren konnten. Gleichzeitig war sie auch Herrin der Tiere, die ihre Schützlinge zurückhielt oder vermehrte. Daher hing das Jagdglück davon ab, die Ahnfrau nicht zu verärgern und sich mit ihr gut zu stellen. Entsprechend wurde sie in schamanischen Ritualen angerufen und durch eine Jenseitsreise besucht. Im Brudertal ist sie sogar immer noch anwesend. Blickt man vom Petersfels nach Westen, erhebt sich dort der wunderbar geformte Berg Hohenhewen als liegende Muttergöttin mit einem riesigen Erdbauch. Der runde und ansehnlich geschwungene Ahninnenberg war vermutlich das sinnhafte Vorbild für das kunstvolle Frauenfigürchen vom Petersfels. Jeden Tag konnten die Eiszeitmenschen ihren landschaftsmythologischen Frauenberg sehen und der Ahnfrau für ihren Segen danken. Die Menschen lebten nicht nur von den Gaben der Erdgöttin, sondern waren unmittelbar in der Nähe des Ahnfrauenberges.

Der Hohenhewen bei Engen als Berg einer Landschaftsahnin.

Das Brudertal bei Engen und die Funde beim Petersfels sind meines Erachtens ein schönes Beispiel, wie landschaftsmythologische Bezüge schon in der Steinzeit vorhanden waren. Denn nicht nur der einzelne Fundplatz ist von kultureller Bedeutung, sondern gleichzeitig die umliegende Landschaft und ihre natürlichen Besonderheiten wie Quellen, Steine, Hügel und Berge. Dies gilt umso mehr, da die Menschen der Frühzeit engstens mit den Zyklen der Natur lebten und von den landschaftlichen Gegebenheiten in jeder Beziehung abhingen.

ERISKIRCH Quelle der Heilkraft

Eriskirch liegt zwischen Friedrichshafen und Langenargen unmittelbar am Bodensee. Von Interesse ist die Liebfrauenkirche (Maria Himmelfahrt) in Eriskirch selbst. Auf dem Vorplatz befindet sich ein Labyrinth, das in jüngster Zeit angelegt wurde. In der Kirche findet man die Wandmalerei eines kleinen Teufelchens, das in dieser Darstellung speziell ist. An der Decke ist die Himmelfahrt der Maria zu sehen. Außerhalb von Eriskirch beim Weiler Mariabrunn

Ein Hirte heilt seinen Fuß im Quellwasser. Bildnis in Eriskirch-Mariabrunn.

steht die entsprechende Wallfahrtskirche mit der Quelle. Nach einer Legende soll hier im Mittelalter ein Hirte seinen Fuß verletzt haben. Er kam zur Quelle, tauchte den Fuß ins Wasser und rief dabei Maria an. Darauf heilten seine Wunden, und die Quelle wurde Mariabrunn genannt.

Um 1480 wird der Ort erstmals urkundlich erwähnt als „Weiherlein von Unserer Frauen Brunnen". Mit dem Zulauf zur Gnadenmadonna und der gefassten Quelle dehnte sich Mariabrunn durch Rodungen in den Tettnanger Wald zunehmend aus. Heute ist der Brunnen neben der Kirche in einer Nische gefasst. Bezeichnend für unsere Zeit steht an der Seitenwand „Kein Trinkwasser". In der Kirche entdeckt man an der Decke eine Madonna auf dem Halbmond. Sie schwebt auf Wolken, darunter fließt ein Brunnen.

Es ist leider nicht bekannt, welche Quellgöttin vor der Maria hier verehrt wurde. Dass die Brunnenmaria aber ihre Nachfolgerin ist, steht außer Zweifel. Das bestätigt schon alleine die Tatsache, dass in Europa solche legendenhaften Wunderheilungen an Quellen hundertfach vorkommen. In Betenbrunn bei Heiligenberg – einem Quellort der drei Bethen – wird heute ebenfalls Maria verehrt.

Weniger bekannt ist der Bethenbrunnen des Klosters Reute. Folgt man in Eriskirch dem Fluss Schussen aufwärts, gelangt man nach Ravensburg und Weingarten und von hier nach Gaisbeuren und Bad Waldsee. Ganz in der Nähe liegt das Kloster Reute, wo eine seltsame Frau verehrt wird: die selige Bethe. Diese soll auf eine Elisabeth Achler zurückgehen, die 1386 in Waldsee geboren wurde. Als junge Frau soll sie in die Klause von Reute gezogen sein und dort ein heiliges Leben vollbracht haben. Mit ihr sind auch Wunder verbunden, so dass es sich um eine halb historische und halb mythische Gestalt handelt. Erzählt wird zum Beispiel das Wunder vom Bethenbrunnen. Die Legende weiß, dass man im Kloster das Wasser mit zwei Eseln so gar weit herholen musste. Darauf betete die Heilige und wünschte sich auf dem Grund des Klosters einen Brunnen. Ein Engel offenbarte ihr im Traum, wo gegraben werden sollte, und sogleich sprudelte Wasser hervor.

Doch die gute Bethe ist nicht nur mit dem Quellenkult verbunden. Im Klostergarten stand einst neben der Gartenlaube ein großer, flacher Stein, der sogenannte Bethenstein. Er befindet sich heute in einem Gebäude des Klosters. Auf dem Kultstein sieht

Himmelskönigin und Quelle. Deckenmalerei in Mariabrunn.

Brunnen neben der Wallfahrtskirche Mariabrunn.

man deutlich eine Höhlung. Da soll die Bethe gekniet haben, so dass ihre Spur zurückblieb. Der Bethenstein ist demnach ein Knie- oder Fußstein wie der heilige Stein des Gallus in Arbon oder wie die Hexensteine in Lindau, worauf Fußabdrücke der „Dämonin" zu sehen waren, die über den Bodensee sprang oder flog. Meines Erachtens handelt es sich in Reute um einen weiteren mythischen Stein der drei Bethen, wie ein solcher noch in Betenbrunn an der Seitenwand der Marienkirche eingemauert ist. Die gute Bethe ist dabei nur eine christliche Überformung eines altheiligen Bethenkultplatzes, wo ein Kultstein der Ahnfrauen und eine heilige Quelle am natürlichen Ort verehrt wurden. Später überzog man die Kultstätte mit einer Klause und mit einem Kloster.

HEIDEN Rutsch- und Kindlistein

Heiden ist eine Sonnenterrasse über dem östlichen Bodensee und liegt im Appenzell auf 810 m Höhe. Von hier aus blickt man nach Lindau, Bregenz und Arbon, aber auch zum Rheindelta. Zum südlichen Bodenseeufer ist es nur eine Viertelstunde Fahrzeit, und von Rorschach fährt auch eine kleine Bahn nach Heiden hoch, das als Kur- und Ferienort gilt. Interessanterweise wird hier im Appenzell erzählt, dass man einst die kleinen Kinder in Lindau holte. Und auch Rheineck unterhalb von Heiden hatte diese Tradition, indem die kleinen Kinder aus dem Kindlibrunnen in Lindau bezogen wurden. Vielleicht ist damit die Lindauer Insel als besondere Stätte bezeichnet. Oder der Hinweis „Lindau" steht allgemein für den Bodensee, aus dessen Wasser die Kinderseelen gefischt wurden. Auf jeden Fall ist dieser volkskundliche Bericht umso überraschender, weil in unmittelbarer Nähe von Heiden ein alter Felsblock „Kindlistein" genannt wird. Mit anderen Steinen zusammen bildet er eine Art Steinreservat, das schon längst als kulturelles Erbe bzw. Naturreservat geschützt werden sollte.

Von Heiden führt ein schöner Wanderweg durch die hügelige Landschaft mit ihren Fluren und Waldabschnitten in dieses kleine Reservat. Beim Strandbad zeigt ein Wegweiser zunächst zur Flur „Strich", wo der erste Kultplatz liegt. Dann geht es weiter zur Flur Altenstein und nach Raspeln unmittelbar beim Hirschberg. Schon die Bezeichnung „Altenstein" lässt aufhorchen, gehört doch der

Flurname zu den ältesten der Region. Somit ist die Ersten Station, wenn wir von Heiden-Ebnet heraufwandern, ein beschildeter Kreuzpunkt mit vier Wegen. Eine Landstraße führt abwärts zur Flur Strich, wo nach wenigen Schritten links am Wegrand eine steile Felswand zu entdecken ist.

Zauberhafte Landschaft von Heiden-Strich im Appenzell. Am Waldrand liegt der Rutschstein.

Der Fels war wahrscheinlich einmal mit Humus bedeckt, so wie heute noch ein Teil des Felsrückens. Nehmen wir einige Schritte Abstand, erhalten wir einen guten Überblick. Linker Hand befindet sich eine steil abfallende Rutschrinne, bei der verschiedene Tritte in den Stein gehauen sind. Man kann dadurch den Fels rasch besteigen. Rechts davon, etwa in der Mitte, ist das Profil eines Soldaten zu sehen, auch einige Löcher sind ausfindig zu machen. Dieses Konterfei brachte ein „Künstler" während des Ersten

Rutschstein mit langer Rutschrinne von Heiden-Strich.

Weltkrieges an, ebenso schossen Soldaten zu Übungszwecken auf den Kultstein. Der Vandalismus ist bei diesem weichen Sandstein also nicht erst in unserer Zeit ein Problem. Das Gesicht gehört sicher nicht zur ursprünglichen Bedeutung des Steines, wohl aber verschiedene Kerben, die auf der Kante tief eingefasst sind. Sie befinden sich rechts von der Rutschrinne am Ende der Tritte und sind deutlich gruppiert. So eine Neunergruppe, wobei diese durch eine „unterstrichene" Kerbe zusammengehalten wird. Ein paar Handbreiten entfernt ist eine Dreiergruppe zu erkennen. Was sollen diese Einkerbungen bedeuten? Sicher ist, dass sie mit der Rutschrinne in Zusammenhang stehen. Der Kultstein von Heiden-Strich ist wahrscheinlich ein Ahninnenstein, bei dem die Frauen rutschten und eine Kinderseele aufnahmen, um sie wieder ins Leben zu führen.

Von der Flur Strich begeben wir uns zurück zum beschilderten Kreuzpunkt und wandern aufwärts zur Flur Altenstein. Rechter Hand erscheint nach kurzer Wegstrecke ein Gehöft. Gerade am Weg liegt links ein Haus, während rechts gegenüber ein überwachsener Hügel zu entdecken ist. Mit etwas Geschick kann man auf den kleinen Berg steigen, auf dem eine Eisenstange, der Rest eines Fahnenmastes, wie ein Messer im Kultstein steckt. Oben angelangt, überblicken wir den Stein und sehen, dass er übersät ist mit großen Schalen und Rinnen, welche die Becken teilweise miteinander verbinden. Keine Sage berichtet uns etwas über den Stein. Jedoch lässt sich ein kleines Ritual vollziehen. Gießen wir nämlich in die oberste Schale Wasser, gelangt es durch die Rinnen in die nächsten Becken, so dass ein Wasserspiel entsteht, wodurch der blanke Stein benetzt wird. Sollte es sich ursprünglich um einen Wasserkultstein in einem Regenritual handeln?

Der Weg geht weiter bergauf zur Flur Raspeln. Bevor wir in einen Wald gelangen, blicken wir am Waldrand zurück. Vor uns präsentiert sich ein wunderbares Panorama samt dem Bodensee. Ein solcher Rundblick muss früher einmal auch von Raspeln aus möglich gewesen sein, bevor der Wald die Flächen überdeckte. Nachdem wir einen steilen Waldweg eingeschlagen haben, bewegen wir uns in einer Art hohlen Gasse. An deren Ende führt der Weg nach rechts, immer einem Felsrücken entlang. Dann fällt er plötzlich ab, und nach einer Senke erhebt sich der berühmte Kindlistein von Heiden-Altenstein. Er liegt auf 950 m Höhe und

Schalenstein mit Rinnen und Wasser auf dem Beckenstein von Heiden-Altenstein.

ist heute übersät mit Einkerbungen und Verletzungen. Dennoch ist das Erscheinungsbild des Felsrückens immer noch beeindrukkend. Vom südlich gelegenen Hirschberg erscheint er wie ein Tierwesen. Auch beim Kindlistein erkennen wir steinerne Tritte, wie wir sie schon beim Rutschstein der Flur Strich gesehen haben. So ist es bequem möglich, auf den Fels zu steigen. Des weiteren sind Schalen und drei Felsen zu entdecken, die genau mit drei eigenartigen, tief eingearbeiteten Rinnen versehen sind. Auch eine Rutschbahn ist erkennbar. Auf der Westseite des Kindlisteines befindet sich eine Höhlung, über der zwei größere Löcher liegen. In einer Öffnung ist ein neueres Bildnis eines Kindes in naiver Art gezeichnet, wie auch sonst überall „Höhlenmalereien" zu erblicken sind. Hier sollen einst Kinder versteckt worden sein. Wir sehen, wie sich die alte Mythologie im Lauf der Zeit verändert: Vom kinderschenkenden Stein einer Ahnfrau zur Steinstätte, wo die kleinen Kinder verborgen wurden.

Der Kindlistein von Heiden-Altenstein mit seinen Spuren.

Steinerner Sitz des Kindlisteins als Ort der Geburt.

Leider wurde der Sandstein arg ausgebeutet. Doch trotz der Abtragungen finden wir weitere Spuren. Dazu steigen wir die steinernen Stufen empor und begeben uns auf den höchsten Punkt. Gegen Norden befinden sich die Rinnen, doch wenn wir gegen Süden schauen, entdecken wir auf dem Stein ein herausgearbeitetes Becken mit der Form einer Muschel. Es handelt sich nicht um eine übliche Schale, sondern um einen steinernen Sitz oder besser um eine steinerne Liege. Man kann es sich darin recht bequem machen und liegt komfortabel mit Blick zum südlichen Horizont und zum Hirschberg.

Doch was hat nun dieser Thron mit dem Kindlistein zu tun? Der Kultstein war nicht primär ein Rutschstein, denn dieser befindet sich auf der Flur Strich, wie wir gesehen haben. So ist der Kindlistein eigentlich ein Gebärstein, wo die Frauen die Ahnen der Sippen wieder ins Leben führten. Es handelt sich um eine Stätte der Wiedergeburt.

HEILIGENBERG Kultstätte und Gerichtslinde

Heiligenberg gilt als Sonnenstube über dem Bodensee. Zu erreichen ist der auf einem 700 m hohen Bergrücken liegende Ort zwischen Salem und Pfullendorf via Meersburg oder Überlingen. Beim schönsten Ausblickspunkt mit einem grandiosen Panorama über den unteren Linzgau, zum Bodensee und den Alpen bauten die Landgrafen von Heiligenberg mitte des 13. Jahrhunderts die heutige Burg. Die Herkunft des Namens „Heiligenberg" ist unklar. Möglicherweise stammt der Name von einer vorchristlichen Kultstätte, die entweder bei der heutigen Gerichtslinde auf dem Postplatz war oder auf dem „Altheiligenberg" – einem Hügel westlich von Heiligenberg. Dort hat man Tierknochen und Scherben aus der Jungstein- und Bronzezeit (4000–2000 v.u.Z.) entdeckt, die in Beziehung zu den Pfahlbauten am Bodensee gesetzt werden. Um 600 soll der heilige Gallus hier missioniert haben. Es ist denkbar, dass eine alemannische Opferstätte durch ein christliches Heiligtum abgelöst wurde. Die erste schriftliche Erwähnung *mons sanctus* „der heilige Berg" erfolgte um 994 in einer Urkunde des Klosters Petershausen bei Konstanz. Und nicht zuletzt liegt ganz in der Nähe von Heiligenberg der alte Kultplatz Betenbrunn mit seinem rötlichen Ahninnenstein.

Gerichtslinde auf dem Postplatz von Heiligenberg.

Der knorrige Stamm der Gerichtslinde.

Unterhalb des Bellevueplatzes befindet sich die sogenannte Freundschaftshöhle. Wann diese Bezeichnung aufkam, ist unbekannt. Vermutlich diente die Höhle als Wohnplatz. Ob sie mit den Heidenhöhlen bei Überlingen-Goldbach verwandt ist, muss offen bleiben. Belegt ist, dass 1688 eine Art Häuschen in den Felsen gebaut war. Bis 1785 lebte dort der letzte „Hüllelema" (Höhlenmensch), ein Tagelöhner aus Leutstetten namens Hans Georg Sauter, der bei den Fürsten zu Fürstenberg im Dienst stand. Der Kamin ist heute noch zu sehen. Wegen des schlechten Zustandes der Wohnung baute er sich, da man ihm keinen Platz gab, etwas weiter außerhalb eine kleine Hütte.

HOHENKRÄHEN Kultberg des Poppele

Der Hohenkrähen – eigentlich Hohen-Krayen – ist ein Vulkanberg im Hegau zwischen Singen und Engen in der westlichen Bodenseeregion. Die umliegenden Dörfer sind Duchtlingen, Schlatt unter Krähen und Mühlhausen. Seit 1983 ist der 644 m hohe Berg ein Naturschutzgebiet. Von der Burgruine Hohenkrähen hat man eine wunderbare Aussicht auf den Vulkanberg Hohentwiel bei Singen, den Mägdeberg im Nordwesten und das Bodenseegebiet. Einzelfunde belegen eine Besiedlung seit der Jungsteinzeit. Später folgten Römer und Alemannen. Der Wortteil *krähen* oder *krayen* geht auf eine (vor)keltische Sprachwurzel *craig* „Fels, Stein" zurück und beweist eine alte Siedlungsschicht. Wie schon weiter oben bemerkt, war der Hohenkrähen vom Mägdeberg aus ein Peilberg am südöstlichen Horizont, bei dem astronomische Bewegungen der Sonne und des Mondes beobachtbar waren. Zudem ist die ehemalige Burg sowie der Berg mit einem Ortsgeist verbunden: mit dem halb historischen und halb mythischen Poppele. Doch wer war Popolius Maier, Burgvogt auf Hohenkrähen?

Historisch gesicherte Erkenntnisse zu diesem Vogt gibt es kaum, weil aus jener Zeit keine schriftlichen Dokumente vorliegen, in denen ein Popolius Maier erwähnt wäre. Die örtliche Poppele-Zunft schreibt dazu: „Der Hauptzeuge, dass es diesen Popolius wirklich gegeben hat, ist das Poppelebild, das heute im Schloss von Schlatt unter Krähen hängt. Dieses Bild ist eine im Jahre 1665 angefertigte Kopie eines Bildes, das seinerseits im Jahre 1430 gemalt ist. Die Form des Helmes, den Popolius auf dem Bild trägt, entwickelte sich historisch gesehen um die Mitte des 14. Jahrhunderts und hielt sich bis zur Mitte des 15. Jahrhunderts." Noch lange erzählten sich die Menschen nach seinem Tod Geschichten vom Zwingherrn Popolius, die wir heute als Sagen vom Poppele kennen. Manche der Erzählungen sind phantasievoll ausgeschmückt, einige haben Motive aus den Mythensagen übernommen. So zum Beispiel die Sage „Der Poppele kegelt":

🕮 **Der Poppele kegelt** Jeden Sonntag, nachts 12 Uhr, trifft sich der Poppele mit vielen Rittern in einem der unterirdischen Gewölbe der Ruine Hohenkrähen, um dort zu kegeln. Auch während des Sonntagsgottesdienstes will man den Burggeist schon beim Kegelspiel gesehen haben. So kamen an einem Sonntagmorgen zwei Handwerksburschen auf den Krähen und waren nicht wenig erstaunt, als sie im Burggarten den Poppele sahen, wie er für sich allein immer wieder versuchte, die aufgesetzten Kegel zu treffen. Als der Burggeist die Burschen sah, lud er sie ein, mit ihm ein Spielchen zu machen. Die beiden ließen sich nicht lange bitten, glaubten sie doch, es ohne weiteres mit einem so schlechten Kegler aufnehmen zu können. Und anfangs gewannen sie denn auch ein paar Gulden, dann aber schob der Poppele ein paar Mal hintereinander alle Neune, so dass den Burschen Hören und Sehen verging und sie im Nu nicht nur ihren Gewinn, sondern obendrein auch das bisschen Reisegeld bis auf den letzten Kreuzer los waren. So zogen sie denn schließlich betrübt von dannen. Als nach einer kleinen Weile der eine von den beiden in seinem Felleisen nach einem Stock Brot suchte, fühlte er plötzlich eine Kegelkugel zwischen den Fingern. Da hat sich mein Kamerad einen schlechten Scherz erlaubt, dachte er und warf, um nicht zum Schaden auch noch den Spott zu haben, die Kugel heimlich fort. Vor Mühlhausen nahm auch der andere seinen Ranzen ab und war nicht wenig erstaunt, als er darin zuoberst einen Kegel fand, der ganz aus funkelndem Golde war. Hei, wie die beiden sich über den Fund freuten! Gleich sollte der Kegel zu Geld gemacht werden. Aber niemand im Dorf konnte eine solche Kostbarkeit bezahlen. Endlich ließ sich der reichste Bauer im Ort ein Stück von dem Kegel absägen und legte dafür 2000 Gulden auf den Tisch. Jetzt ging auch dem anderen Gesellen ein Licht auf. Er rannte flugs zurück, um nach der weggeworfenen Kegelkugel zu suchen. Aber sie war spurlos verschwunden. Die Burschen zogen nun weiter nach Schaffhausen, wo man ihnen den Rest des Kegels für ein ganzes Vermögen abkaufte. (nach Rieple)

Das „unterirdische Gewölbe" der Ruine Hohenkrähen weist darauf hin, dass der Berg als Höhlung aufgefasst wurde, zudem als Totenberg, wo die Verstorbenen der Gegend ruhen. Man vergleiche dazu die Ausführungen zum Mägdeberg. Der Poppele ist dabei nicht nur der Ortsgeist „mit vielen Rittern", sondern gleichsam ein Totenfürst der Anderswelt. In der Unterwelt liegen Schätze der Erde – die goldenen Kegelkugeln – die er den Gesellen als Gabe überreicht. Sie versinnbildlichen die Früchte der Erde, welche die Menschen ernähren. Als weitere Gaben kommen in ähnlichen Sagen Kohlen und Blätter vor, die sich dann in Gold verwandeln. Aber auch hier haben die Menschen – meistens ist es eine Hebamme, die einer seltsamen Frau bei der Geburt helfen muss – den wahren Sinn des Geschenks aus der Unterwelt nicht verstanden und auf dem Heimweg von einer Höhle, wohin sie die

Der Vulkanberg Hohenkrähen im Hegau.

Zwergenfrau rufen ließ, achtlos weggeworfen. Beim Hohenkrähen finden wir nur noch den männlichen Poppele in der Unterwelt, obwohl darin oft ein Erdweiblein oder die drei Schicksalsfrauen lokalisiert werden. Diese leben fort im Mägdeberg, der ebenfalls zur Anderswelt gehört. Beide Kultberge sind gemäß der Sage sogar mit einem unterirdischen Gang verbunden.

HOHENTWIEL Himmelsberg im Hegau

Der Hohentwiel ist der Hausberg von Singen und wie alle Hügelberge des Hegau vulkanischen Ursprungs. Er ist über eine Fahrstraße gut erreichbar, wo man bis zum Informationszentrum gelangt. Die bewegte Geschichte der Anhöhe ist dort in einem kleinen Museum gut dargestellt, so dass sich ein Besuch lohnt. Ziel der Besuchenden ist vor allem die Ruine einer Festung auf der Bergkuppe, die noch im 18. Jahrhundert als uneinnehmbar galt. Dann kamen Napoleons Truppen und schleif-

Vulkanberg Hohentwiel mit Ruine bei Singen.

Ausblickspunkt auf dem Hohentwiel.

ten die ganze Anlage. Heute ist die Landschaft Hohentwiel ein Naturschutzgebiet mit wunderbarer Flora und Faune sowie mit einladenden Wanderwegen.

Beim Namen *Hohen-Twiel* sind die Sprachhistoriker uneins, woher der Wortteil *Twiel* eigentlich stammt. Einige vermuten eine keltische Herkunft, andere wiederum vertreten einen alemannischen Ursprung mit einer Sprachwurzel, die „schwellen" bedeuten soll. Doch dies ist auch umstritten. So bleibt der Name bis heute rätselhaft.

Mehr Glück haben wir mit den archäologischen Anhaltspunkten, denn Funde aus unterschiedlichen Zeiten sind nachweisbar. Die Geschichte des Hohentwiels beginnt in der Jungsteinzeit. Die Bandkeramikkultur hat vor 7000 Jahren Spuren am Fuß des Berges auf Singener und Hilzinger Boden hinterlassen. Aus der Bronzezeit von 1200 bis 750 v.u.Z. kennt man Siedlungsspuren auf der Hohentwiel-Terrasse, also im Bereich des heutigen Informationszentrums. Tonscherben, die auf der Terrasse am Fuß des senkrecht aufsteigenden Felsens gefunden wurden, deuten auf eine Besiedlung der Bergkuppe in der späten Bronzezeit hin. Es dürfte sich um eine Höhensiedlung handeln, die im Zuge der mittelalterlichen Bebauung der Bergkuppe zerstört worden ist. Aus römischer Zeit sind kaum Funde bekannt. Ab 260 folgte allmählich die alemannische Landnahme des Gebietes. Um 914 ist erwähnt, dass auf dem Berg *Twiel* eine Verteidigungsanlage gebaut wird.

Beeindruckend ist auf der Kuppe des Einzelberges (686 m) vor allem die Weitsicht und das Panorama. Gegen Norden sind die Berge Hohenkrähen, Mägdeberg, Hohenhewen und Hohenstoffeln zu erkennen. Im Südosten blickt man bis zum Bodensee und zur Insel Reichenau, aber auch zu den weißen Bergen des Alpsteingebiets in der Schweiz. Diese Rundsicht und stattliche Anhöhe machen den Hohentwiel zu einem Himmelsberg. Auf ihm dürften astronomische Beobachtungen durchgeführt worden sein. So zum Beispiel zu den erwähnten Kultbergen des Alpsteins, wo der südöstlichste Vollmondaufgang feststellbar ist. Damit war der Twiel einmal mehr als ein Festungsberg, sondern wie die anderen Vulkanberge ein heiliger Berg des Hegau.

HORN Menhir mit Gesicht

Einen unbekannten Stein entdeckt man auf der Halbinsel Höri in der Gemeinde Horn gegenüber der Insel Reichenau. Bei der Kirche biegt man von der Hauptstraße in die Weilerstraße ein. Am letzten Haus der Straße steht rechts eine Bootswerft mit einer alten Scheune. Vor dieser liegt der einsame Stein. Auffallend ist, dass der Menhir eine sehr flache Seitenkante aufweist. Er könnte daher umgestürzt worden und einmal aufrecht gestanden sein. Beobachtet man außerdem den Stein in horizontaler Weise, so lässt sich das Profil eines menschlichen Gesichts mit Stirn, Augenhöhle, Nase und Kinn erkennen. Ist das nun Phantasie?

Der Stein mit Gesicht in Horn gegenüber der Insel Reichenau.

Interessanterweise muss der einst aufrechte Menhir mit seiner Blickrichtung genau zur Reichenau geschaut haben, wo auf den alten Kirchplätzen vermutlich ebenfalls Kultsteine standen. Und wie es der Zufall will, war der Menhir in der Jungstein- und Bronzezeit keineswegs alleine auf der Höri. Am Ufer der Hörispitze standen in Hornstaad-Hörnle mehrere Siedlungen aus der Frühgeschichte. Um 3912 v.u.Z. waren es rund 40 Häuser in lockeren Reihen. Wenn jedes dieser Häuser von einer Muttersippe von fünf bis acht Personen bewohnt wurde, bestand die Dorfgemeinschaft aus etwa 200 bis 300 Personen. Die Grundlage der Ernährung war Getreide: Nacktweizen, Gerste, Emmer und Einkorn, aus denen Getreidebreie und brotartige Gebäcke hergestellt wurden. Hinzu kamen Lein- und Mohnsamen, Erbsen sowie gesammelte Wildfrüchte. Die Fleischversorgung wurde durch Jagd auf Hirsche, Ure und Wildschweine gedeckt. Haustiere spielten als Fleischlieferanten in Hornstaad-Hörnle eine untergeordnete Rolle. Am häufigsten sind Rinder und Schweine belegt. Aus Lein gewann man Flachsfasern, aus denen Fischnetze und feine Textilien gefertigt wurden. Einige Jahre später, um 3869 v.u.Z., errichteten die Menschen sogar eine zweite Siedlung. Zweifellos hatten die Bewohner auch ihre Kultplätze, an denen sie ihre Ahninnen und Ahnen verehrten. Der natürliche Menhir von Horn dürfte Teil dieser animistischen Mythologie gewesen sein.

INSEL MAINAU Blumen und Pfahlbau

Die Insel Mainau bei Konstanz gilt heute als Blumeninsel schlechthin und ist eine der meistbesuchten Orte am Bodensee. Weitere Inseln im Bodensee sind: Lindau, Reichenau und die ehemalige Insel Wasserburg. Bei Stein am Rhein liegt in der Seemündung die Insel Werd. Am Südufer der Mainau wurden 1862 erste Spuren früher Besiedelung des Bodenseeufers gefunden. Fundgegenstücke waren Keile, Topfscherben, Feuersteinsplitter sowie eine Axt und ein Reibstein. Die dazugehörige Pfahlbausiedlung bestand aus sechs Häusern und stammt aus der Jungsteinzeit. Sie wurde etwa vor 5000 Jahren errichtet. Weitere Pfahlbauten aus der Jungstein- und Bronzezeit entdeckte man entlang des Nordstrandes und südwestlich der Insel in der Flachwasserzone. Es wird vermutet, dass um 400 v.u.Z. Kelten vom Stamm der Helvetier auf die Mainau kamen und dort siedelten. Siedlungsbelege sind jedoch bis heute

Fortuna mit Füllhorn auf der Insel Mainau.

nicht nachgewiesen. Im Zuge des bekannten Alpenfeldzuges kamen die Römer an den Bodensee und wahrscheinlich auch auf die Insel.

Nach dem griechischen Geschichtsschreiber Strabo soll im Jahr 15 v.u.Z. der Römer Tiberius im Seekampf gegen die keltischen Vindeliker eine Bodenseeinsel als Flottenstützpunkt genutzt haben. Verschiedene Fundstücke weisen darauf hin, dass es sich bei dieser Insel im Bodensee um die Mainau handelt. Allerdings fehlen entsprechende Siedlungsbelege. Einige Historiker zweifeln sogar, ob es einen solchen Seekrieg zwischen den Römern und den Vindelikern im östlichen Bodenseeraum überhaupt gegeben hat.

KISSLEGG Altarstein und Feenort

Kißlegg ist eine kleine Gemeinde im Landkreis Ravensburg. Man fährt von Lindau nach Wangen im Allgäu und dann weiter nach Kißlegg. Von landschaftsmythologischer Bedeutung sind zwei größere Steine, die in der Nähe zu finden sind. Es sind Zeugen der letzten Eiszeit. So entdecken wir im Wald zwischen Merazhofen und Waltershofen den Heiligen Stein sowie zwischen Arnach und Eintürnen den Großen Stein. Dieser wurde mit einem Kreuz versehen und zusätzlich mit einem Bild des hl. Martin. Einst gingen jedoch die Frauen zu diesem Ahnenstein, um ein Kind zu empfangen. Es handelt sich also um einen kinderschenkenden Kultstein. Ähnliches ist auch vom Heiligen Stein zu vermuten, an dem im 17. Jahrhundert mehrere Jahre lang eine Messe gehalten worden sei. Aus historischer Sicht darf jedoch eine solche Messe bezweifelt werden. Vielleicht handelt es sich bei dieser Erinnerung gar nicht um eine „christliche Messe", sondern um eine Versammlung beim altheiligen Altarstein.

Unweit von Kißlegg Richtung Ravensburg liegt das Lauratal der Scherzach zwischen Schlier und Weingarten. Nach einer Sage von Anton Birlinger soll dort die schöne Laura umgehen. Einmal verirrte sich ein Kind dort, wo Frau Laura wohnt: „Auf einmal kam ein warmes Lüftchen und es war da so grün und alles so blühend, wie im Frühling. Es sei gerade gewesen, wie im Paradies. Erdbeeren seien da in Hülle und Fülle gestanden. Das Kind pflückte nach Herzenslust. Fräule Laura sei in diesem Garten

Der Heilige Stein bei Kißlegg dient immer noch als Altar.

schneeweiß spazieren gegangen, immer dem Kind winkend. Das Kind brachte sein Erdbeersträußlein heim. Fräule Laura soll unter einem Stein hervorkommen und dort wieder verschwinden."

Zweifellos waren auch der Große und der Heilige Stein einmal weibliche Kultsteine einer göttlichen Ahnfrau, die den Frauen die Kinderseelen schenkte. Im Lauratal ist die Göttin zum Ortsgeist geworden, jedoch ist ihre paradiesische Anderswelt in diesem Feenreich noch deutlich zu erkennen. In Kißlegg ist sie ebenfalls als Ortsgeist bekannt, und zwar als „schneeweiße Klosterfrau" am Weiher, wo sie ihre weiße Wäsche aushängt.

KONSTANZ Gaben an die Flußgottheit

Konstanz ist eine der größeren Städte am Bodensee und ist mit einem Hafen gut erschlossen. Die historische Altstadt ist heute mit der Schweizer Nachbarstadt Kreuzlingen eng verbunden, so dass die deutsch-schweizerische Staatsgrenze direkt durch die

Häuserblöcke verläuft. Die ältesten Siedlungsspuren von Konstanz weisen bis in die jüngere Steinzeit zurück. Später errichteten die Römer auf dem heutigen Münsterhügel eine befestigte Anlage. Aus diesem Stützpunkt entwickelte sich im Frühmittelalter eine städtische Siedlung. Der Name *Constantia* geht dabei zurück auf den römischen Kaiser Constantius I. oder II. und wurde erstmals 525 überliefert.

Als Ursprungsstätte der Stadt gilt der sogenannte Münsterhügel. Es handelt sich um einen alten Moränenhügel und die höchste Erhebung im Stadtgebiet am Konstanzer Trichter, wo der Rhein den Bodensee verlässt, südlich des Seerheins. Der Hügel erhebt sich etwa sieben Meter über dem Wasserspiegel. Anders als heute bildete dieser Hügel in der Frühgeschichte eine schmale, nur von Süden zugängliche Landzunge, die von Wasserflächen und im Westen von Sümpfen umgeben war. Um 120 v.u.Z. siedelten Kelten an diesem besonderen Ort. Etwa hundert Jahre später war das brückenkopfartige Horn für die Römer von Interesse. Sie legten eine Abzweigung der großen Heerstraße von Pfyn nach Arbon gegen Konstanz und über den Rhein an. Diesen Übergang schützten sie durch ein kleines Kastell, das sie über der zerstörten keltischen Siedlung errichteten. Es stellt sich die Frage, ob Kelten (wohl Helvetier) und Römer nur aus strategischen Gründen in dieses Gebiet kamen. Eine Rolle spielten sicher auch die klimatisch günstigen Bedingungen und die fruchtbaren Böden.

Mindestens seit keltischer Zeit ist der Konstanzer Münsterhügel ein mythischer Ort. Verehrt wurde ein Genius loci, ein Ortsgeist, der eng mit der kleinen Anhöhe und dem Wasser verbunden war. Die weitere Mythenlandschaft war der See und der Rhein, in denen Wasser- und Flussgottheiten lebten. Das Gewässer war beseelt von den jenseitigen Mächten und Wesen, denen man auch Gaben zukommen ließ. Der Archäologe Helmut Schlichtherle schreibt zu diesen Opfergaben: „Am Flussübergang bei Konstanz (...) opferte die bronzezeitliche Bevölkerung vielfach Metallobjekte, die man als Gabe an die Götter im Wasser versenkte. Vor allem Waffen und Schmuckobjekte wie Nadeln und Armringe sammelten sich so am Grund der Gewässer." Am Grund des Wassers sah man die Unterwelt angesiedelt, wo die Verstorbenen weiterlebten und sich die Wassergottheiten in einer paradiesischen Anderswelt aufhielten. Hier gab es Schätze, Schlösser und liebliche Musik. Eine Gabe

Auf dem Münsterhügel in Konstanz.

Die moderne Seefrau Imperia im Hafen von Konstanz.

an die Jenseitsmächte sollte Schutz und Segen bewirken. Und schließlich kam man einmal selbst nach dem Tod in diese wunderbaren Gefilde unter dem Wasser.

Wie diese Welt unter der Erde, dem Fluss oder dem See ausgesehen hat, berichten die vielen Sagen, die von Wasserwesen erzählen. Eine solche Mythensage ist uns zum Beispiel aus dem Schwarzwald bekannt, die von Johannes Künzig in seinem Sagenbuch aufgeführt ist. Darin kommt ein seltsames „Seeweiblein" vor, das als ehemalige Wassergöttin aufzufassen ist. Ihr zugesellt ist ein männlicher Partner, das „Seemännle", das zwischen dem Diesseits der Menschen und der Anderswelt der göttlichen Ahnen verkehrt. Die Seefrau ist gerade in ihrer Geburt, was ihre lebenschaffende Kraft versinnbildlicht. Und auch die berühmte Gabe fehlt nicht, nämlich goldene Ähren (Stroh), die als goldene Schätze der Erdgöttin gelten.

🕮 **Hebammendienst beim Seeweiblein** Das Seemännle holte einst eine Hebamme aus Huzenbach, damit sie seiner Frau bei ihrer Niederkunft beistünde. Als sie zum See kamen, schlug das Männle mit der Rute hinein; das Wasser Teilte sich, und eine Treppe erschien, auf der sie ganz trocken hinabsteigen konnten. Drunten lag das kreißende Seeweible in einem schönen Gemach, und es wurde mit Hilfe der Hebamme glücklich entbunden. Das Seemännle fragte, was es schuldig sei, doch die Hebamme wollte nichts nehmen. Daraufhin wurde sie vom Männle ganz mit Stroh umflochten und ließ das ruhig geschehen. Als sie aber droben war, machte sie alles wieder los und warf es fort. Nur ein einziger Halm blieb an ihr hängen und der war in schweres Gold verwandelt, als sie heimkam. Nun hat sie eilends nach dem übrigen Stroh gesucht, aber vergebens.

Der Rhein wurde aber nicht nur in Konstanz als Flussgottheit verehrt. Zwischen Bregenz und Rorschach bildet der Alpenrhein ein wunderbares Delta, das heute als Naherholungsgebiet dient. In diesem Rheindelta wurde im Fluss bei St. Margrethen-Eselschwanz ein etwa 3000-jähriges Schwert aus der Bronzezeit geborgen. Noch älter sind Steinäxte aus der Jungsteinzeit, die man bei Au und bei St. Margrethen im Rhein entdeckt hat. Es ist unwahrscheinlich, dass solche Gegenstände einfach verloren gehen.

Somit bleibt nur der Schluss, dass sie als Opfergaben bewusst in den Fluss geworfen wurden. Dies ist beim Bronzeschwert umso deutlicher erkennbar, denn es wurde zunächst in einem Ritual verbogen, bevor es ins Wasser gelangte.

Das Rheindelta als Ort der Weihegaben.

LEUTKIRCH-SALEM Menhir und Killenweiher

Salem im Bodenseekreis ist ein beliebtes Ausflugsziel, da es nur neun Kilometer von Überlingen und zehn Kilomter nordöstlich von Meersburg liegt. Funde aus der Bronzezeit belegen eine Besiedlung in der Frühgeschichte. Ab dem 3. Jahrhundert gründeten Alemannen und dann später auch Franken verschiedene Dörfer, so die kleine Siedlung *Salemanneswilare,* aus dem der Ortsname Salem entstand. Das Kloster Salem geht auf eine Gründung um das Jahr 1137 zurück. Etwa eine halbe Stunde von diesem entfernt liegt rings umgeben vom Wald ein verwunschener Ort: der Killenweiher mit einer Insel, auf der sich ein Jägerhaus mit Kapelle befindet. Hier soll das Kloster in Kriegszeiten seine Schätze verborgen haben, denn unter der Kapelle seien verborgene Räumlichkeiten. Und auch der obere Brunnen soll in der Tiefe eine Türe haben, durch die man in ein großes, unterirdisches Gewölbe gelangt. Die einsame Lage, der dunkle Wald und der düstere Weiher mit seinem schwarzen Gewässer machen auf die Menschen einen unheimlichen Eindruck. Oft wurden nachts Lichter gesehen, die auf dem Wasserspiegel tanzten oder auch blitzschnell über die Straße huschten. Besonders in der Andreas- und Nikolausnacht wird allerlei bemerkt. Dann kam es oft vor, dass Leute, die um diese Zeit am Killenweiher vorübergingen, neben sich schwarze Gestalten sahen, die sie bis ans Ende des Wassers begleiteten. Manchen gesellte sich ein schwarzer Mann ohne Kopf und mit einem Stecken in der Hand hinzu.

Etwa fünf Kilometer vom Weiher entfernt liegt Leutkirch, das aus ein paar wenigen Häusern besteht. Interessanterweise erscheint hier die Landschaft in einer Dreiheit, denn die umliegenden Weiler heißen Obersten, Mittelsten und Untersten. Wir finden

Der dunkle Killenweiher bei Salem.

Menhir bei der Kirche von Leutkirch nahe Salem.

somit eine ähnliche Ortseinteilung, wie sie für die Insel Reichenau mit den Gebieten Ober-, Mittel- und Unterzell charakteristisch ist. Außerdem vermuten manche, dass sich die Endung *-sten* von Stein ableitet und nicht von Oberstenweiler etc. Dieser Hinweis wäre eine weitere Überprüfung wert. Jedenfalls entdeckt man im Kirchhof der Dorfkirche einen aufgerichteten Stein (Menhir), von dem sonst nichts bekannt ist. Jedoch ruht er wohl nicht ganz zufällig am Kirchplatz.

LINDAU Hexen- und Fußsteine

Lindau ist eine attraktive Stadt am östlichen Bodensee und wie das nahe Bregenz unmittelbar an das Allgäu angrenzend. Besonders beliebt ist die Lindauer Insel mit dem Hafen, von wo aus fast alle Orte per Schiff rund um den Bodensee erreicht werden können. Von landschaftsmythologischer Bedeutung sind die sogenannten Hexensteine im See, mit denen mehrere Geschichten verknüpft sind. Begibt man sich von der Altstadt in den westlichen Teil der Insel, gelangen wir zur Sternschanze. Es ist ein kleiner Platz, d.h. ein Vorsprung wenige Meter hoch über dem See. Unter einer alten Linde lässt es sich ruhen. Die Aussicht erlaubt nicht nur einen wunderbaren Blick auf den See und die Berge, sondern auch auf den großen und kleinen Hexenstein in der Bucht. Sie sind mit einem roten Seezeichen als Untiefe markiert.

Der Hexenstein in der Bucht der Insel Lindau.

Der „Hexenturm" auf der Insel Lindau.

Mindestens drei Erzählungen sind mit diesen Steinen verbunden, und jede Version widerspricht der anderen. Die erste berichtet, dass der heilige Gallus einmal mit seinen Gehilfen am Bodensee „Dämonen" austrieb – einen Berggeist und einen Seegeist. Eine dieser Dämonen soll eine „Hexe" gewesen sein, die vom Schweizerufer mit einem Schritt zuerst auf den kleinen, mit dem zweiten auf den großen Lindauer Hexenstein und dann mit dem dritten Schritt ans Land gesprungen sei. Bei dieser Flucht über den See hinterließ sie auf den Steinen ihre Fußabdrücke, die früher noch zu sehen und gegen Schwaben gerichtet waren. Ein entsprechender Fußstein (des Gallus) ist in Arbon am Schweizerufer immer noch zu sehen. Daher könnte die Hexe von hier aus über den Bodensee geflogen sein.

Eine zweite Version berichtet nun kühn, dass im 4. Jahrhundert eine Christenverfolgung gewesen und die heilige Aurelia in Gefangenschaft der Heiden (Römer) geraten sei. In „höchster Bedrängnis" soll sie mit einem einzigen Schritt von Bregenz-Fußach über den See nach Lindau auf „die Burg" geflüchtet sein. Ein Stein im Wasser zeigte noch Jahrhunderte später den Abdruck ihres Fußes. In Lindau gehe daher immer noch das Sprichtwort, wenn eine recht große Schritte mache: „Die hat Orillen Schritt." Trotz der Aurelia-Verehrung in Lindau hat diese Legende keinen tieferen Hintergrund. Sie beruht einzig auf dem zufälligen Gleichklang zwischen dem Ortsnamen Fußach im Rheindelta und der Bezeichnung Fuß. Die dritte Version lässt denn auch die Fuß-Geschichte ganz aus dem Spiel und erwähnt eine junge Römerin, die Christin geworden sei. Von Fußach aus schiffte sie über den See nach Lindau, wo sie auf der Burg Schutz fand. Die Adelige soll Aurelia geheißen haben.

Bei so viel Verwirrung der Überlieferung fragt es sich, ob eine heilige Aurelia überhaupt jemals in Lindau und Bregenz gelebt hat und das Ganze nur eine fromme Legende mit verschiedenen Umdeutungen ist. Auf dem römischen Weihestein, den man 1904 in der ehemaligen Tempelanlage von Bregenz entdeckt hat, stehen einerseits die Widmung an den „Gott Har(...)" und andererseits der Stifter „Aurelius Augustus". Könnte es nicht sein, dass der Römer Aurelius in Bregenz durch die Christianisierung zu einer Römerin Aurelia gemacht wurde? Zu einer Konvertitin, die auch noch verfolgt worden sei?

Dennoch fragt sich, was die über den Bodensee springenden Frauen in Arbon, Lindau und Bregenz miteinander zu tun haben. Das Rätsel löst sich, wenn wir in die vorchristliche Zeit zurückgehen, denn die Lindauer Ahninnensteine, die später als „Hexensteine" bezeichnet werden, wurden gewiss schon in keltischer Zeit verehrt. So könnten die Frauensteine durchaus eine Wassergöttin repräsentieren, von denen sakrale Frauen die kleinen Kinder holten, wie es zum Beispiel auf der Insel Rügen mit den Kindersteinen der Fall ist. Oder besondere Frauen übten schamanische Praktiken aus und ließen ihre Körperseele über den See reisen. Entsprechende Sagen mit schamanischen Ritualen sind im Bregenzerwald überliefert.

Eine andere Spur führt uns zum Namen *Aurelia* zurück, was „die Goldene" bzw. „die Glänzende" bedeutet. Steht sie für eine Mond- und Sonnengöttin, die in Lindau und Bregenz verehrt wurde? Die astronomischen Verhältnisse im magischen Dreieck Arbon-Bregenz-Lindau sind jedenfalls spannend. Arbon und Bregenz liegen ziemlich genau auf einer Ost-West-Linie, so dass hier jeweils die Sonnenauf- und Sonnenuntergänge im Frühjahr und Herbst zur Tag-und-Nachtgleiche erkennbar sind.

Sonnenaufgang am Bodensee im Nebel.

Von der Insel Lindau aus liegt Bregenz im südöstlichen Großen Mondextrem und der Pfänderberg etwa dort, wo an Mittwinter die Sonne aufgeht. Wenn nun die Sonne oder der Mond an solchen Tagen der Jahresfeier aufgehen, glänzen sie auf dem Wasser und springen gleichsam über den See. Damit hätten wir unsere vorchristliche Aurelia wieder gefunden, die in keltischer Zeit vielleicht Brigid geheißen hat. Diese wird oft als Frauendreiheit verehrt, und die Verehrung einer göttlichen Dreiheit ist in Bregenz noch im 6. Jahrhundert durch die Gallusvita belegt.

MEERSBURG-UHLDINGEN Wasserstadt und Goldkessel

Meersburg liegt gegenüber von Konstanz am nördlichen Ufer des Bodensees. Die Häuser wurden an einen steilen Rebhang gebaut, der direkt zum See führt. Mit seinen verwinkelten Gassen, der malerischen Burg und den Fachbauhäusern hat der Ort seinen mittelalterlichen Charme erhalten. Nicht ganz von ungefähr gilt daher Meersburg als Perle des Bodensees. Dennoch soll diese schöne Stadt einmal versinken. Eine Sage erwähnt nämlich, dass die Ortschaft auf dem Wasser steht. Nur eine dünne Erdschicht trennt Straßen und Plätze vom Wasser. Einmal wollte jemand einen Brunnen graben, aber bald brach das Seewasser aus der Tiefe hervor. Sollte nun ein großes Erdbeben kommen, so fällt Meersburg ins Wasser. Leider berichtet die Sage nicht weiter, was mit der Wasserstadt Meersburg genau gemeint ist. Vielleicht erinnert sich die Erzählung an eine Zeit, wo am Seeufer Pfahlbauten standen? An der Uferzone Meersburg-Hagnau sind solche jedenfalls archäologisch nachgewiesen.

Ganz in der Nähe von Meersburg liegt Uhldingen, das eine lange Geschichte aufweist, die mit dem See verbunden ist. Siedlungsspuren weisen auch hier in die Jungstein- und Bronzezeit. Die beliebteste Sehenswürdigkeit ist seit Jahrzehnten das Pfahlbaumuseum. Die ersten Häuser entstanden 1922. Im Jahr 2002 kam ein neues Pfahlbaudorf dazu. Es handelt sich um Rekonstruktionen von frühgeschichtlichen Häusern, die man anhand der Funde im Moor bei Bad Schussenried und am Federsee erstellen konnte. In einem Ausstellungsraum hat man die Möglichkeit, diese archäologischen Originalfunde zu betrachten. Etwas außerhalb des Museums und am westlichen Rand von Unteruhldingen entdeckt man einen interessanten Themenweg, den sogenannten Uhldinger Zeitweg. Ein Abschnitt des Rundganges ist dem Thema Ahnenfiguren geweiht, die im Feld oder am Weg errichtet wurden. Aufgestellt sind menschengestaltige Figuren, die man anhand von Moorfunden in Deutschland kennt. In Uhldingen sind die „Pfahlahnen" aus den Mooren getreue Nachbildungen. Sie erlauben einen Einblick in die animistische und ahnenbezogene Gedankenwelt der früheren Menschen.

Eine örtliche Sage könnte darauf hinweisen, wo die Menschen der Uhldinger Frühgeschichte das Totenreich lokalisierten. So soll im Gewann Kaltbrunnenhalden der sogenannte Kesselbrunnen bei Oberuhldingen liegen. Er ist zweifellos der Zugang zu einem unterirdischen Reich. Man erzählt, dass in seiner Tiefe ein Kessel voller Gold sei. Einst versuchten drei Männer, ihn zu heben. Keiner sollte dabei ein Sterbenswörtlein reden. In einer Nacht zwischen elf und zwölf Uhr machten sie sich an die Arbeit und brachten auch wirklich den Kessel an die Oberfläche. „Jetzt haben

Die Meersburg über dem Bodensee.

Ahnenfiguren aus Holz beim Zeitweg in Uhldingen.

wir ihn", sagte einer von den dreien, und schon fiel der Geldkessel mit Donner und Getöse wieder in die Tiefe hinab.

MESSKIRCH Tempel der Diana

Meßkirch ist eine Kleinstadt zwischen Stockach und Sigmaringen. Im Westen der Ortschaft liegt die Villa rustica, ein ehemaliger römischer Gutshof, den man auch „Altstadt" nennt. Der Hof befindet sich etwa fünf Kilometer von Meßkirch entfernt: auf halbem Weg zwischen dem Meßkircher Ortsteil Heudorf und dem Sauldorfer Ortsteil Hölzle. Der Fundort liegt im Waldstück „Bändlehau" und erstreckt sich etwa je zur Hälfte auf beiden Seiten der das Areal durchschneidenden Bundesstraße 311. Auskunft über die Villa

Dianatempel mit Weihestein bei Meßkirch.

Rustica gibt eine Informationstafel beim Parkplatz an der nördlichen Straßenseite.

Der Dianatempel befindet sich auf der nördlichen Seite, etwas außerhalb des ehemaligen Hofgeländes. Die Villa rustica entstand um 100 n.u.Z. und dürfte bis um 200 in römischer Verwaltung gewesen sein. Auch ist in der Gegend von einer keltischen Bevölkerung auszugehen. Es ist denkbar, dass ab 233 alemannische Siedler in das Gebiet kamen und den Gutshof in Besitz nahmen. Im Tempel entdeckt man einen kleinen Weihestein. Auf diesem steht eine Widmung an die Göttin Diana. Die Übersetzung lautet: *Marcus Aurelius Honoratus Pancratius hat der Diana einen Altar (ein Heiligtum) errichtet, indem er sein Gelübde froh und nach Gebühr erfüllt hat.* Das Original des Weihesteines steht heute in den Fürstlich Fürstenbergischen Sammlungen in Donaueschingen. Vor Ort ist eine Kopie aufgestellt.

Wer ist nun diese Diana? Die Römer haben vielfach ihre eigenen Gottheiten in die eroberten Gebiete mitgebracht oder diese mit bestehenden, einheimischen Gottheiten vermischt. Außerdem steht nicht selten hinter der römischen Diana eine keltische Göttin, deren Kult sie übernimmt. So wurde im Schwarzwald aus der keltischen Göttin Abnoba die keltoromanische Göttin Diana Abnoba. Sie galt als Beschützerin des Waldes, des Wildes und der Quellen, insbesondere als Schutzpatronin der Heilquellen in Badenweiler. Ein in St. Georgen aufgefundenes Bildwerk an der Brigachquelle zeigt Abnoba mit einem Hasen. Andererseits könnte hinter der Diana von Meßkirch auch die alteuropäische Göttin Aericura stekken. Sie wird meistens in Begleitung eines Hundes dargestellt, aber auch mit Apfelkörben. Sie gilt als Göttin der Fruchtbarkeit (des neuen Lebens) sowie als Totengöttin. Ihr Verbreitungsgebiet reicht von Britannien bis nach Frankreich und Italien, von Süddeutschland (Donaugebiet) bis nach Slowenien.

SCHAFFHAUSEN Steinzeithöhle und Rheinfall

Schaffhausen liegt westlich vom Bodensee am Rhein nur wenige Kilometer von Singen und Stein am Rhein entfernt. Die Stadt mit ihren Erkern, Brunnenplätzen und Gassen ist ein beliebtes

Zauberhafter Erker in der Altstadt von Schaffhausen.

Ausflugsziel, das man auch mit dem Schiff vom Bodensee aus erreichen kann. Ein Rundgang durch die Altstadt ist eine kleine Entdeckungsreise, auf die man nicht verzichten sollte. Vor allem die vielen Fassaden zeigen unzählige Motive. Wer dennoch einen besinnlichen Ort sucht, findet ihn im sehenswerten Kreuzgang zu Allerheiligen beim Münster.

Ein geschichtsträchtiger Platz, der international bekannt ist, liegt in Schaffhausen-Thayngen. Es handelt sich um die Steinzeithöhle „Kesslerloch", die einst Menschengruppen als Treffpunkt für die Jagd im Sommer gedient hat. Die Anreise erfolgt via Schaffhausen mit der Deutschen Bahn nach Thayngen. Die Fundstelle befindet sich im Westen des Bahnhofs, etwa 500 m zu Fuß der Bahnlinie entlang Richtung Schaffhausen. Ab Thayngen besteht auch eine ausgeschilderte Anfahrt. Bei den Ausgrabungen im 19. Jahrhundert kamen in und vor der Höhle tausende Fundgegenstände zum Vorschein, die der sogenannten Magdalénien-Kultur (14000–12000 v.u.Z.) angehören. Die Artefakte sind teilweise im Historischen Museum Allerheiligen in Schaffhausen zu bewundern sowie im Rosgartenmuseum in Konstanz. Gefunden wurden aber nicht nur Steingeräte und Tierknochen, sondern auch herausragende Kunstgegenstände. So der berühmte Lochstab mit einem „weidenden" Rentier. Ein Doppellochstab zeigt ein aufrechtes Wesen mit mächtigem Geweih, das von den Archäologen als Schamane gedeutet wird. Mehrere „spindelförmige" Skulpturen dürften Frauendarstellungen sein.

Eine weitere Sehenswürdigkeit ist der berühmte Rheinfall, der von Schaffhausen aus bequem erreichbar ist. Es handelt sich um den größten Wasserfall Europas und einen der meistbesuchten Orte der Schweiz. Eine eigentliche Mythensage ist leider nicht bekannt. Jedoch wird verschiedentlich auf ein ehemaliges Pferdeopfer hingewiesen. Eine Sage behauptet, dass solche Opfer auch beim Rheinfall von Schaffhausen stattgefunden hätten. Man will in den Ritzen der Felsen Pferdeknochen und Hufeisen gefunden haben. Gibt es dazu einen historischen Hinweis? Allerdings dürfte das Pferdeopfer nicht einfach aus der Luft gegriffen sein. So wurde dem Rhein in Graubünden noch lange ein Fohlen geopfert, nachdem man dieses bei einem Kultstein mit großer Verehrung getötet hatte.

Eiszeithöhle Kesslerloch bei Schaffhausen-Thayngen (CH).

Der Rheinfall als faszinierender Wasserort.

Zudem ist es denkbar, dass man dem Rhein nicht nur opferte, sondern von den Steinen im Fluss auch wieder das neue Leben holte. Einen entsprechenden Kindlistein kannte man rheinabwärts in Rüdlingen. Eine Sage berichtet dazu: Nahe beim Rettigbachtal konnte man früher einen großen, runden Felsblock im Rhein sehen, der heute im Wasser versunken ist: den sogenannten Gächelstein. Man sagt, dass die Rüdlinger früher von einer Frau aus dem Gächelstein geholt worden seien. Dieser Stein barg in seinem Innern eine glitzernde Höhle, die in zwei Kammern geteilt und zur Hälfte mit Wasser gefüllt war. In der einen Kammer schwammen die Jungen, in der andern die Mädchen. Nur eine Frau in Rüdlingen, zuletzt war es die „Tante Rose", besaß den Schlüssel zu dieser Höhle. Der Fährmann ruderte die Frau jeweils im Waidling zum Gächelstein und brachte sie mit dem Kind ins Dorf zurück. Könnte sich ein solches Ritual der Kinderherkunft nicht auch beim Rheinfall zugetragen haben?

SIPPLINGEN-LUDWIGSHAFEN Kultgefäß und Churfirsten

Im Gebiet zwischen Sipplingen und Ludwigshafen im westlichen Bodenseeraum waren die ersten Bauern in der Frühgeschichte schon sehr aktiv. Aus der Seeuferzone bargen Archäologen tausende Funde aus der Jungstein- und Bronzezeit, in denen die Menschen in Pfahlbausiedlungen lebten. In Sipplingen selbst konnten etwa zwanzig Siedlungen nachgewiesen werden, und die Unterwasser-Archäologie wird noch weitere Überraschungen freilegen. Anhand der gefällten Bäume können die zeitlichen Abschnitte der Bautätigkeit recht gut ermittelt werden. So datiert die erste Siedlung auf etwa 3919 v.u.Z. und die letzte auf 933 v.u.Z. Im Gegensatz dazu entstand das alemannische Dorf Sipplingen erst zwischen dem 6. und 8. Jahrhundert unserer Zeit.

Von besonderer Bedeutung ist ein etwa 5000 Jahre altes Tongefäß, das mit Punktierungen verziert und mit weiblichen Brüsten versehen wurde. Es handelt sich um die Darstellung einer nährenden Ahnfrau, die den Menschen in den Siedlungen ihren Naturreichtum spendete. Die konkreten Brüste weisen darauf hin, dass die Bewohner ihre mythologischen Vorstellungen realistisch versinnbildlichten und sich ihre göttliche Ahnfrau auch als heili-

Abendstimmung in der Bucht von Sipplingen.

gen Gefäßkörper vorstellten. Des weiteren waren die Wände eines Hauses mit weißen Malereien verziert. Unter den Wandresten lag das riesige Gehörn eines Ur-Stieres.

Nicht weniger bedeutsam sind die Funde von Ludwigshafen-Seehalde. Fast lebensgroße Brüste waren Bestandteil einer Hauswand. Der Verputz war mit dem Relief und weißer Farbe verziert. Es zeigen sich Winkelbänder, Dreiecke, Kreise und Punktfelder, die sich zu einem Gesamtdekor vereinigen. Es handelt sich wie schon bei Sipplingen um einen Kultbau. Die Milch spendende Ahnfrau war auch in dieser Siedlung die Schützerin des Hauses. Manche Archäologen denken an Fruchtbarkeitsriten oder an einen Abwehrzauber. Das schließt nicht aus, dass hier am Bodensee eine Urmutter der Steinzeit versinnbildlicht ist, wie es schon anhand des Brustgefäßes gezeigt werden konnte. Bei den Nuba in Afrika besteht der Brauch, die Wände ihrer mit geometrischen und gegenständlichen Motiven ausgemalten Häuser mit Abbildungen und Reliefs von Frauenbrüsten zu schmükken. Die mythologische Tradition, Tongefäße durch plastische Brüste zu weiblichen Körpern zu machen, reicht in Europa bis ins 6. Jahrtausend. Im 4. Jahrtausend waren Ahninnengefäße nicht

Kultgefäß mit Brüsten aus der Pfahlbausiedlung von Sipplingen.

Mit Brüsten verzierte Wand eines Kulthauses der Pfahlbausiedlung von Ludwigshafen.

nur in Süddeutschland, sondern auch in der Schweiz und im Karpatenbecken weit verbreitet.

Für die Siedlungen am Bodensee stellt sich die Frage, wo die Menschen ihre Ahnen und die Lebenskräfte der Natur verehrt haben. Dies muss nicht unbedingt eine Tempelanlange sein, sondern ein spezieller, natürlicher Ort in der Landschaft wie Quellen, Steine und Hügel. Ganz in der Nähe von Sipplingen-Hödingen werden wir auch fündig, nämlich in den sogenannten Sieben Churfirsten. Ein schöner Wanderweg führt heute von Sipplingen über einen Teil des Blütenweges zum Haldenhof. Von dort geht es abwärts zu den Churfirsten und wieder zurück nach Sipplingen. Bei diesen „Kurfürsten" handelt es sich um eine beeindruckende Felsformation. Der Name rührt daher, dass die Felsen wie Kurfürsten mit ihren Mützen aussehen. Die Felsen bestehen aus Sandstein, der mit härterem Gestein durchzogen ist. Die „Mützen" bestehen aus solchem harten Gestein, der das darunterliegende Material vor Abtragung geschützt hat. Eindrucksvoll ist auch die erhöhte Lage der „versteinerten Menschen" und die Aussicht auf den See. Es ist gut vorstellbar, dass die Siedler der Frühzeit hier die Seelen der verstorbenen Personen besucht und die Naturmenhire als Kultplatz verehrt haben. Dies ganz im Sinne der animistischen Weltauffassung.

Die Natur-Menhire „Churfirsten" bei Sipplingen erinnern an versteinerte Menschen.

ST. GALLEN Himmelsberg und Wasserfrauen

Von der Stadt St. Gallen ist man in einer halben Stunde am südöstlichen Bodenseeufer. Sie bildet ein kulturelles Zentrum in der Nordostschweiz und ist zusammen mit Lindau und Bregenz ein beliebtes Ausflugsziel. Oberhalb der Stadt liegt St. Georgen, wo der Bach Steinach in die Mülenenschlucht einfließt. Diese von Felsen umgebene Schlucht mit den Wasserfällen, Kaskaden und dunklen Felsnischen bildet eine ganz andere Landschaft als die Ebene der Stadt. Sie ist eine Art Gegenwelt und aus mythologischer Sicht eine Jenseitswelt. Unmittelbar dort, wo sich heute die Stiftskirche befindet, strömt die Steinach aus der Mülenenschlucht, bildet einen Talbach und fließt dann weiter durch das Steinachtobel nach Arbon-Steinach, wo der Bach in den Bodensee mündet. Leider ist der kleine Fluss in St. Gallen unterirdisch verbaut worden, so dass diese Lebensader der Landschaft heute in der Stadt nicht mehr direkt erlebbar ist. Außer eben in der Mülenenschlucht und im Steinachtobel. Als weitere Besonderheit gilt der Berg Menzlen (890 m) und das Sittertal, worin der Fluss Sitter extrem mäandriert. Aus einer Sage geht hervor, dass er als Drachenfluss betrachtet wurde.

Historisch gesehen ist die Stadt mit dem heiligen Gallus verbunden. Dieser soll im 7. Jahrhundert von Arbon aus mit seinem Gefährten Hiltibold der Steinach entlang marschiert und schließlich an den Ort gekommen sein, wo sich heute die Stiftskirche und das (ehemalige) Kloster in St. Gallen befinden. Die beiden Männer gelangten an die einst fischreiche Steinach, und zwar zum Ausflussgebiet an der Mülenenschlucht. Hier übernachteten die beiden, und am nächsten Morgen ging Hiltibold am Ufer fischen. Bei einem Strudel warf er die Netze aus. Da erschienen ihm plötzlich zwei „Dämoninnen". Von diesen berichtet die Legende: „Nackt standen sie am Ufer, als wollten sie ins Bad steigen; schamlos stellten sie ihm den Leib zur Schau, warfen Steine gegen ihn und sagten: Du hast jenen Mann in diese Einöde geführt, jenen üblen und missgünstigen Mann!" Nach dieser Begegnung bannte Gallus die geisterhaften Frauen, die dem Fluss entlang flüchteten bis hinauf zum Gipfel eines Berges, der „Himmelsberg" heißt und wahrscheinlich der Menzel ist. Und auch hier klagten die Frauen ihr Leid: „Was sollen wir tun und wohin uns wenden? Wegen jenes Fremdlings dürfen wir nicht mehr hier wohnen, weder bei den Menschen noch auch nur in den Einöden."

Gallus und Hiltibold begegnen den Wasserfrauen an der Steinach.

Die Steinach in der Mülenenschlucht zwischen St. Georgen und St. Gallen

Die geheimnisvollen Wasserfrauen weisen darauf hin, dass schon vor der Christianisierung im Tal der Steinach Menschen und Kulte existierten. Wir dürfen sie als den Genius loci, den Ortsgeist der Steinach und der Mülenenschlucht betrachten. Ihre heiligen Plätze waren der Menzelberg, die Schlucht und das Ausflussgebiet bei der Stiftskirche, von dem sie vertrieben wurden. Hier soll Gallus die erste, christliche Zelle gegründet haben. Also nicht ganz zufällig, sondern an einem altheiligen Ort der „heidnischen" Frauen. Waren sie Priesterinnen und Schamaninnen? Jedenfalls übten sie einen Wasserkult aus, war ihnen der Flussort eine mythische Stätte. Das kann auch aus landschaftsmythologischer Sicht bestätigt werden. Denn die Mülenenschlucht versinnbildlicht gleichsam den heiligen Schoß einer Erdgöttin mit ihrem Lebensfluss. Und gerade beim Ausfluss verehrten die beiden Wasserfrauen die Lebenskraft der Landschaftsahnin des Steinachtales. Daher ist es kein Zufall, dass die sakralen Frauen diesen Ort beschützten und ihn vor der Zerstörung durch das Christentum bewahren wollten. Dass ihnen der Schutz des natürlichen Kultplatzes nicht gelungen ist, erkennt jeder, wenn er den barocken Prunkbau sieht. Ebenso wurde der Lebensfluss Steinach wie die beiden Wasserfrauen in die Unsichtbarkeit verdrängt. Eine kleine Ahnung vom Naturort erleben wir aber immer noch, wenn wir die Kraft des Wassers in der Mülenenschlucht besuchen.

STEIN AM RHEIN Insel Werd

Stein am Rhein zwischen Konstanz und Schaffhausen bezaubert durch seine intakte Altstadt und die mittelalterlichen Gassen, die immer wieder an das Rheinufer führen. Das malerische Städtchen bietet neben den Erkern und Fassadenmalereien weitere Sehenswürdigkeiten: das Benediktinerkloster St. Georgen, das Museum zum Lindwurm oder der von alten Bürgerhäusern umrahmte Rathausplatz. Der Name der Ortschaft stammt wahrscheinlich von einem Grenz- und Kultstein bei der Insel Werd, auf den wir noch zurückkommen werden. Die geographischen Gegebenheiten sind ebenso eindrucksvoll wie die Stadtbauten. Hier bildet der Bodensee als Untersee eine Seemündung, die allmählich in ein Flusstal übergeht. Danach fließt der Rhein weiter nach Schaffhausen und zum Rheinfall. In diesem Ausfluss befinden sich drei Inseln, nämlich die Hauptinsel Werd sowie die Inseln Mittleres Werdli und Unteres Werdli. Sie bilden heute ein Natur- und Vogelschutzgebiet.

Schon vor 9000 Jahren zogen bei der Werd Jäger und Sammlerinnen der Mittelsteinzeit vorbei und hinterließen verschiedene Steingeräte. Im 5. Jahrtausend errichteten dann erste Bäuerinnen und Bauern ihre Pfahlbauten. Die Werd bot offenbar einen idealen Siedlungsplatz. Das bäuerliche Leben ging auch in der Bronzezeit weiter. Im Winter 2005/06 kam es zu einem extremen Tiefstand des Bodensees, was große Uferflächen und weitere, frühgeschichtliche Objekte freilegte.

Die Römer bauten im Jahr 50 n.u.Z. eine Brücke zwischen den damaligen Gebieten Rätien und Germanien. Sie benutzten dabei auch die Inseln in der Rheinmitte. Die Römerstraße führte vom Vicus Tasgetium (heute Eschenz bei Stein am Rhein) über Rielasingen, Singen, Steißlingen, Orsingen, Vilsingen, Inzigkofen nach Laiz an eine Furt durch die Donau. In Orsingen gab es eine Abzweigung nach Pfullendorf und Burgweiler. Zum Andenken an den heiligen Otmar, erster Abt des Klosters St. Gallen, steht seit dem 15. Jahrhundert die St. Otmarskapelle auf der Hauptinsel.

Die älteste Kultstätte der Insel ist der sogenannte Werdlistein. Der Felsblock liegt auf der Nordseite der Werd. Im Sommer ist er meistens vom Rhein überflutet, kommt aber bei niedrigem Wasserstand im Winter oft vollständig zum Vorschein. Der Stein ist ein Stück Gneisfelsen, der vom Rheingletscher aus den Alpen hierher transportiert wurde. Heute ist von ihm leider nur noch ein beklagenswerter Rest vorhanden. In den letzten 200 Jahren wurde der Kultstein nämlich ausgebeutet und zum Bau von Häusern verwendet.

Der Werdlistein gehört zu den bekannten Dreh- oder Elfisteinen, wie ein Spruch über ihn belegt: „Wenn der Werdlistein elf Uhr schlagen hört, dreht er sich herum." In ganz Europa existieren ähnliche Berichte. In den Sagen drehen sie sich um elf Uhr, an Mittag oder um Mitternacht. Immer ist mit ihnen ein Wendepunkt verbunden. Die „lebenden Steine" dürften Ahnensteine gewesen sein. Ebenso besteht ein Zusammenhang mit zyklischen Festen im Jahreskreis. Zum Elfistein der Insel Werd gesellt sich ein bedeutender Fund von Mondhörnern aus der Bronzezeit. Sie wurden in

Brücke zur Insel Werd bei Stein am Rhein (CH).

Der Werdlistein beim Ufer der Insel Werd.

unmittelbarer Nähe zum Kultstein ausgegraben und belegen die frühe mythologische Bedeutung der drei Inseln.

Die Hauptinsel Werd ist jederzeit über eine Holzbrücke von Eschenz aus zu besuchen. Nach dem Vorbild von Chartres in Frankreich wurde in jüngster Zeit ein Labyrinth im Rasen angelegt. Es lädt zum meditativen Gang ein und macht die Insel wieder zu einem modernen Kultplatz.

Labyrinth im Rasen auf der Insel Werd.

STOCKACH Menhir und Nellenburg

Stockach liegt im Landkreis Konstanz und gilt als Tor zum Bodensee. Aber auch nach Singen und Engen zu den Vulkanbergen des Hegau ist es nicht weit. Im Stadtteil Zizenhausen liegen die

Menhir von Stockach bei der Nellenburg.

sogenannten Heidenhöhlen, die einen Besuch wert sind. Von Interesse ist auch der Menhir auf der Nellenburg, von dem leider nichts mehr bekannt ist. Man findet ihn am besten, wenn man von Stockach zum Höhengasthaus „Nellenhof" fährt. Vom Parkplatz des Nellenhofes geht man 50 m nach Südosten und gelangt zu einem Holzkreuz. An diesem Kreuz links vorbei, und nach 30 m linker Hand ist der Stein auf der Wiese neben einem Nussbaum zu sehen.

Ganz in der Nähe befindet sich die Ruine Nellenburg auf dem Nellenburger Berg (624 m), dem Hausberg von Stockach. Nach einer Sage von Anton Birlinger soll auf der ehemaligen Burg eine Herrin Nella gewohnt haben. Sie lebte nach römischer oder alemannischer Tradition und wurde erst durch den heiligen Gallus dazu bewogen, zum Christentum überzutreten. Sie wurde bei einem Bach getauft, daher der Name *Nellabach* und die Bezeichnung *Nellenburg*.

SULZBERG Marienlinde und Heilquelle

Sulzberg ist eine Ortschaft im Bregenzerwald und grenzt unmittelbar an das Allgäu an. Von Lindau oder Bregenz aus ist die Gemeinde auf 1015 m Höhe in kurzer Fahrzeit zu erreichen. Als besondere Naturschönheit erhebt sich bei der Pfarrkirche eine etwa 400 Jahre alte Linde, die sogenannte Marienlinde. Es handelt sich um ein weibliches Naturheiligtum, wie so viele Kultbäume in Europa im Zuge der Christianisierung der Maria geweiht wurden. Die Linde weist eine breite Öffnung auf, in die eine Marienfigur eingelassen ist. Den wohl ältesten Baum der östlichen Bodenseeregion finden wir jedoch im Alpenrheintal in Tosters bei Feldkirch. Dort steht neben der Kirche der heiligen Cornelius und Cyprian eine etwa 1000-jährige Marieneibe. Die Eibe dürfte einmal der Seelenbaum der weißen Frau gewesen sein: einer Baumgöttin, die zu einer feenhaften Gestalt und schließlich mit Maria überdeckt wurde. Es wird nämlich in Tosters erzählt, dass (bei der Burg) drei weißgekleidete Frauen umgingen. Jede trug dabei einen goldenen Kuchen, was auf die Schätze hütenden Frauen der Anderswelt hinweist.

Linde der Maria von Sulzberg im Bregenzerwald.

Heilbrunnen bei der Ulrichskapelle von Möggers (A) im Allgäu.

Wenige Kilometer von Sulzberg entfernt liegt Möggers zwischen Lindau und Lindenberg im Allgäu. Ein schöner Spaziergang führt vom Dorf zu einer einsamen Stelle im Wald, wo das Wasser des Ulrichsbrunnens aus der Erde sprudelt. Hier soll der heilige Ulrich die Quelle auf wunderbare Weise hervorgebracht haben, was jedoch eine fromme Legende ist. Denn schon in der „heidnischen" Zeit war der Quellort Kelten, Römern und Alemannen heilig. Später errichtete man im Zuge der Christianisierung des Bregenzerwaldes eine Ulrichskapelle. Der Altar steht genau dort, wo das Wasser hervorquillt. Es gilt beim Volk als heilkräftig und wird bei Augenleiden verwendet.

ÜBERLINGEN-GOLDBACH Heidenhöhlen

Im westlichen Bodenseegebiet gibt es verschiedene, von Menschenhand geschaffene Höhlen, deren Entstehung und Verwendung unbekannt sind. Allgemein nennt man sie „Heidenhöhlen" oder „Heidenlöcher". Die geologischen Verhältnisse mit dem stabilen Sandstein erlaubten es, relativ leicht künstliche Gänge und Räume zu schaffen. Von Fachleuten werden solche Innenräume Erdställe genannt, also „Stellen unter der Erde". Dennoch treffe dies mit den Heidenhöhlen am Bodensee nur bedingt zu.

Bei Stockach-Zizenhausen findet man in den Sandsteinwänden des „Heidbühl" die am besten erhaltenen Höhlen. Sie sind frei zugänglich, und am Waldrand befindet sich ein Parkplatz. Bei der Höhle wurden 1816 römische Münzen gefunden. Ganz in der Nähe fließt die Stockacher Aach. Es wird vermutet, dass eine Römerstraße ein Stück weit diesem Fluss folgte. Dies könnte die Münzen erklären. Waren die Höhlen in jener Zeit Wohnstätte, Lagerraum oder Kultplatz? Andere Theorien sehen in den Heidenhöhlen Verstecke von frühen Christen, was jedoch unbegründet ist. Hier wurde auch über längere Zeit hinweg Sandstein abgebaut und zum Beispiel für den Brückenbau verwendet. So die alte Rheinbrücke in Konstanz.

In Überlingen-Goldbach sind von den Heidenhöhlen nur noch kümmerliche und unzugängliche Reste vorhanden. In mehreren Etappen wurden die Felsen ab 1846 gesprengt, um Straßen und

Eisenbahnlinien nach Sipplingen führen zu können. Eine letzte Bau- und Sprengwut folgte in den 1950er Jahren. Dies alles zerstörte einen der bekanntesten und attraktivsten Touristenplätze am Bodensee, den sich heutige Kulturverantwortliche nur wünschen können. Somit lässt sich das ursprüngliche Bild der Heidenhöhlen nur noch mittels alter Bilder, Kupferstiche und Fotographien rekonstruieren. Sogar Gänge und Räume mit Fenstern waren einst in den Fels geschlagen worden, darunter eine der hl. Katharina geweihte Kapelle. In seinem historischen Roman „Ekkehard" und mit entsprechender Dichterfreiheit beschreibt Joseph Victor von Scheffel (1826–1886) die Heidenhöhlen von Goldbach. Er muss die Räume noch vor 1846 besucht und deren Stimmung aufgenommen haben. Er schreibt im Kapitel 11 „Der Alte in der Heidenhöhle":

🕮 **Der Alte in der Heidenhöhle** Bevor der Hahn den Morgen anrief, war Ekkehard schon durchs Tor von Hohentwiel ausgeritten... Sein Roß trabte gut. In wenigen Stunden ritt er über die waldigen Höhen, die den Untersee von dem See von Überlingen trennen. Am herzoglichen Meierhof Sernatingen [Ludwigshafen] grüßte ihn die blaue Flut des Sees, er ließ sein Roß dem Meier und schritt den Pfad voran, der hart am Ufer hinführt. An einem Vorsprung hielt er eine Weile, gefesselt von der weiten Umschau. Der Blick flog unbegrenzt über die Wasserfläche bis zu den rhätischen Alpen, die, eine kristallklare Mauer, sich als Ende der Landschaft himmelan türmen. Wo die Sandsteinfelsen senkrecht aus dem See emporstiegen, lenkte sich der Pfad aufwärts. Stufen im Fels erleichterten den Schritt, gehauene Fensteröffnungen, mit dunkeln Schatten in der Tiefe die Lichte der Felswand unterbrechend, wiesen ihm den Ort, dran einst in Zeiten römischer Herrschaft unbekannte Männer sich in Weise der Katakomben ein Höhlenasyl eingegraben. Das Aufsteigen war beschwerlich. Jetzt trat er auf einen ebenen Geviertraum, wenig Schritte im Umfang, von jungem Gras bewachsen. Vor ihm öffnete sich ein mannshoher Eingang in den Felsen... in senkrechter Tiefe rauschte der See zu seinen Füßen... Sie gingen den dunkeln Gang entlang, dann weitete sich der Höhlenraum, ein Gemach war von Menschenhänden in den Fels gehauen, hoch, stattlich, in spitzbogiger Wölbung; ein rohes Gesimse zog sich um die Wände, die Fensteröffnungen weit und luftig; wie von einer Rahme umfaßt glänzte ein Stück blauer See und gegenüberliegendes Waldgebirge herein, eine flimmernde Schicht Sonnenlicht drang durch sie in des Gemaches Dunkel. Spuren von Steinbänken waren da und dort sichtbar, nah beim Fenster stund ein hoher steinerner Lehnstuhl, ähnlich dem eines Bischofs in alten Kirchen...

Diese Beschreibung ist eigentlich fast alles, was von den einstigen Wunderhöhlen am Bodensee übrig geblieben ist. In Bermatingen bei Markdorf befinden sich zwei Heidenhöhlen in Privatbesitz. Zu diesen Höhlen gibt es auch eine Sage, die am Ort überliefert ist. Darin wird erzählt, dass im benachbarten Schiggendorf einst ein Schloss stand, worin ein schändlicher Raubritter hauste. Er war Witwer und wollte sich wieder verheiraten. Doch kein Mädchen ließ sich mit ihm ein. Mit Hilfe seines Freundes, dem Ritter von Baitenhausen, entführte er eines Tages die schöne Jungfrau der Burg Ittendorf, die ganz in der Nähe lag. Als sie in ihrem Garten war, wurde die junge Frau geraubt und in die Höhle von Bermatingen gebracht. Dort stand alles für eine geheime Hochzeit mit dem Schiggendorfer Raubritter bereit: ein Altar und ein willfähriger Mönch. Die Ittendorferin wurde gezwungen, den hässlichen Alten zu heiraten. Nach dem Hochzeitsmahl ritt die Gesellschaft zur Burg Schiggendorf, und jede Spur der geheimnisvollen Höhlen-Hochzeit war verschwunden. Später zog der Ritter mit seiner Frau in fremde Lande. Die Raubburg zerfiel und wurde letztlich abgetragen.

Eine weitere Sage spielt unmittelbar in der Nähe von Goldbach und beschreibt eine frühere Situation. Sie erwähnt das nahe Hödinger Tobel und den Ort „auf dem Stein". Die Schilderung lautet: Wenn man von Überlingen gegen Goldbach geht, so gelangt man auf einem Felsenweg zum sogenannten „Stein" bei den drei Kruzifixen. Hier wurde einst im Mai jährlich das Maiengericht mit zwölf Schöffen unter freiem Himmel gehalten. Noch ist der Sitz des Präsidenten in Felsen gehauen sichtbar. Um Pfingsten wurde an dieser Stelle auch die Wahl und die Beeidigung des Bürgermeisters, des Amtmannes und der Mitglieder des kleinen Rats der Stadt Überlingen vorgenommen. Durch eine merkwürdige in Sandstein gehauene Hohlgasse, in die kaum ein Sonnenstrahl von oben eindringen kann, gelangt man in das fast ganz von Felsen umgebene Goldbach. Das Hödinger Tobel war einst die Grenze zwischen Hegau und Linzgau. – Ob dieser Gerichts- und Rechtsstein noch zu finden ist, bleibt eine offene Frage. Ebenso in welcher Beziehung er zu den Heidenhöhlen stand.

Die Heidenhöhlen von Goldbach. Stich von Konrad Corradi vor 1850.

Die ehemaligen Heidenhöhlen von Goldbach heute.

ÜBERLINGEN-LIPPERTSREUTE Maria im Stein

Von Überlingen am Bodensee sind es nur wenige Kilometer zum Wallfahrtsort Maria im Stein zwischen Lippertsreute und Owingen. Die Stätte liegt im Naturschutzgebiet Aachtobel, ein schluchtenförmiges Tal, das nur durch einen Wanderweg erschlossen ist. Der Felsenort ist seit etwa 500 Jahren der Maria geweiht. Seinen größten Zulauf fand er im 18. Jahrhundert, zahlreiche Votivtafeln sind immer noch zu sehen. Zu Beginn des 19. Jahrhunderts wurde die Wallfahrtstätte aufgehoben und das Marienbild kam in die Pfarrkirche nach Lippertsreute, wo es weiter verehrt wurde. Erst nach dem Zweiten Weltkrieg entstand wieder eine Kapelle. Hauptwallfahrtszeit ist der Monat Mai. Der Marienort geht auf eine Legende aus der Zeit der Kreuzzüge zurück. Ein aus türkischer Gefangenschaft geflohener Ritter von Bodman soll sein Gelübde erfüllt und an dem Ort, an dem er zum ersten Mal seine Heimat wiedersah, eine Marienkapelle errichtet haben. Schriftlich erwähnt ist diese jedoch erst 1550.

Zugang zu Maria im Stein bei Lippertsreute.

Rundkapelle von Maria im Stein.

Quelle mit Heilwasser am Weg von Maria im Stein.

Die historische Begründung durch die Legende klingt nicht sehr glaubwürdig. Wie so oft finden wir die Ursprünge des mythischen Ortes in der vorchristlichen Zeit. Dabei fällt auf, dass „Maria im Stein" teilweise in einer Felsenhöhle liegt. Vielleicht wurde der Platz einmal „Heidenhöhle" genannt. In unmittelbarer Nähe des Marienortes befinden sich weitere Sandsteinhöhlen, die Spuren menschlicher Tätigkeit aufweisen. Zudem stützt eine Beobachtung die Vermutung, dass es sich um einen altheiligen, magischen Ort handelt. Geht man auf dem Felsweg zur Kapelle, zweigt der Pfad wenige Schritte vor dem Rundbau ab ins Aachtobel. Gerade dort sprudelt eine Quelle aus der Erde, die von den Leuten als Heilquelle genutzt wird. In Flaschen und Kanistern holen die Menschen das Wasser und tragen es über eine längere Strecke zu ihren Autos. Ist das nicht verwunderlich, bei dem guten Trinkwasser, das überall am Bodensee erhältlich ist? Offenbar muss das Quellwasser des Felsenheiligtums eine besondere und heilende Wirkung haben. Und im Gegensatz zum Marienbrunnen in Eriskirch, wo ein Hirte seinen verwundeten Fuß im Wasser geheilt hat, kann man das sprudelnde Nass hier im Stein immer noch trinken. Somit bilden ursprünglich die Höhle und die Quelle zusammen ein Naturheiligtum, das wahrscheinlich schon in der Frühgeschichte und dann in keltischer, römischer und alemannischer Zeit besucht wurde. Genaueres wissen wir leider nicht. Jedoch können wir davon ausgehen, dass hier im Aachtobel einst eine göttliche Ahnfrau verehrt wurde, deren Kult dann in die Marienverehrung überging. Die Heilkraft der Quelle lag einmal in ihren Händen, und sie schenkte Genesung und Wohlergehen. Dürfen wir sie als eine der drei Bethen betrachten? Das ist die geheime Geschichte dieses zauberhaften Ortes.

WANDERTIPPS

BODMAN UND MARIENSCHLUCHT

Start- und Endpunkt dieser schönen Rundwanderung ist Wallhausen. Dort am See entlang, vorbei am Hafen, Richtung Bodman im Westen. Am Ortsende von Wallhausen geht es durch ein Drehkreuz, und danach führt die Route auf schmalem Pfad am See entlang. Überlingen und das gegenüberliegende Ufer sind stets zu sehen. Nach etwa einer Viertelstunde entdeckt man im See dicht am Ufer ein Seezeichen, das den Teufelstisch markiert – einen steil aufragenden Felsen, dessen Plateau knapp unter der Wasseroberfläche liegt. Geradeaus am See entlang marschieren wir weiter Richtung Bodman zur Marienschlucht. Diese zählt zu den schönsten Wanderzielen am Bodensee und ist auch per Schiff erreichbar. Auf Holztreppen geht es durch die enge Schlucht und dann steil aufwärts zur Ruine Kargegg. Hier lebte einst die sagenhafte Fortunata, die in den jungen Ritter von Hohenfels verliebt war. Die Ruine der Burg Hohenfels befindet sich gegenüber am Überlingersee, oberhalb von Sipplingen. Von der Ruine Kargegg geht es noch etwas bergauf, dann erreichen wir den Wanderparkplatz Marienschlucht und den Golfplatz. Entlang des Golfplatzes marschieren wir auf dem E1, dem europäischen Fernwanderweg Nordsee–Mittelmeer, auf der Höhe durch einige Tobel zum Wanderparkplatz Eulenbach und von dort hinab nach Wallhausen.

Anreise: Von Konstanz über Litzelstetten und Dingelsdorf nach Wallhausen (Parkplätze beim Strandbad am Ortsbeginn). Oder von Dettingen Richtung Wallhausen (am Waldrand links ist die Zufahrt zum Wanderparkplatz).

Ausgangs- und Endpunkt: Wallhausen.

Dauer etwa 3½ Stunden, Distanz etwa 10 Kilometer.

Weitere Informationen: www.marienschlucht.de

FRAUENBERG BODMAN

In Bodan parkieren wir am Ortsanfang und spazieren dann ins Dorf. Kurz vor dem Hafen gabelt sich die Straße. Es geht rechts bergan, und nach 200 m nochmals rechts abbiegen (Wegweiser beachten). Der Weg führt durch den Ort aufwärts und geht am Ortsende in eine kleine Allee über. Am Ende der Allee ist zu entscheiden, in welcher Richtung man den Rundweg gehen möchte. Links gelangt man zum Kloster Frauenberg. Geradeaus und dann nach rechts geht es hinauf zur Ruine Altbodman. Die beiden Routen treffen beim Bisongehege aufeinander. Von der Vesperstube Bodenwald, die dort zur Einkehr einlädt, geht es wieder hinab: entweder via Ruine oder via Kloster.

Anreise: Über die B31 nach Bodman am nordwestlichen Ende des Bodensees. Parkplatz am Ortsbeginn. Die Anreise ist auch per Schiff von Überlingen aus möglich.

Ausgangs- und Endpunkt: Bodman.

Dauer etwa 2 Stunden, Distanz etwa 6 Kilometer.

Weitere Informationen: www.bodman-ludwigshafen.de

HEILIGENBERG UND MARIA IM STEIN

Ausgangspunkt ist der Postplatz in Heiligenberg, wo die Gerichtslinde aus dem 12. Jahrhundert steht. Der Weg führt zunächst einige Kilometer zur Schwedenschanze. Hier teilt sich der sogenannte Jubiläumsweg. Man kann auf der Schanze weitergehen oder vor ihr rechts bergab auf einem Forstweg. Beide Wege treffen wieder zusammen. Beim Waldaustritt können wir zum Schloss Heiligenberg zurückblicken. Vor uns erhebt sich der Kirchturm von Frickingen. Wir marschieren weiter auf einem asphaltierten Weg nach Birkenweiler. Der weiße Aussichtsturm von Hohenbodman ist bald schon zu sehen. Kurz hinter Altheim liegt der tiefste Punkt unserer Strecke. Wir erreichen den Elisabethenhof, dann weist eine Tafel nach Maria im Stein. Nach den Steinhöfen steigen wir auf Stufen steil in den Wald hinab. Molassefelsen kündigen das Aachtobel an. Kurz vor der Kapelle sprudelt heilendes Wasser aus einem Rohr. Auf einem Metallsteg überschreiten wir die Aach und gelangen ins Aachtobel. Wir erreichen Hohenbodman. Hier lohnt sich ein Abstecher zum Aussichtsturm, der ein wunderbares Panorama bietet. Es geht weiter, vorbei an der 1000-jährigen Linde und auf dem Kirchweg nach Owingen zum Rathaus.

Anreise: Mit dem Bus 7397 ab Bahnhof Salem oder dem Bus 7379 ab ZOB Überlingen zum Postplatz Heiligenberg. Vom Rathaus Owingen mit dem Bus 7378 oder dem Bus 7379 zum ZOB Überlingen. Fahrzeiten und Verkehrstage beachten.

Ausgangs- und Endpunkt: Von Heiligenberg nach Owingen.

Hinweis: Trittsicherheit im Aachtobel und gute Wanderschuhe sind unabdingbar.

Dauer etwa 5½ Stunden, Distanz etwa 19 Kilometer.

Weitere Informationen: www.heiligenberg.de

HOHENKRÄHEN, HOHENTWIEL, MÄGDEBERG

Wanderung zu den Vulkanbergen Hohenkrähen, Hohentwiel und Mägdeberg. Ausgangspunkt ist der Wanderparkplatz in Mühlhausen-Ehingen bei Singen. An diesem Parkplatz geht es den Waldweg hinauf, der nach kurzer Strecke wieder auf die kleine Straße trifft. An einem Wegkreuz mit den Schildern „Hohenkrähen" und „Hohentwiel" geht es nach links. Am Ende des Feldweges marschieren wir erst links und dann gleich wieder rechts. Ein kleiner Weg führt zum Hohenkrähen. Der Aufstieg ist etwas steil, aber das Panorama lohnt sich. Vom Hohenkrähen folgen wir der Beschilderung zum Hohentwiel. Vorbei an einem Wanderparkplatz und entlang der Kreisstraße kommen wir zu einem Haus, wo eine kleine Straße den Berg hinauf führt. Oben geht es an der ersten Kreuzung nach links. Höfe liegen unterhalb eines kleinen Waldes. Bei einer nächsten Kreuzung entdeckt man einen großen Wegweiser. Wir wandern geradeaus zum Aufstieg zur Ruine Hohentwiel (686 m). Zurück geht es bis zur Kreuzung mit dem Wegweiser am Waldrand und den Höfen. Nach den Höfen links halten, wo der Weg nach Duchtlingen führt. Dort gelangt man auf einer kleinen Straße hinter Duchtlingen auf den Mägdeberg (665 m). Vom Mägdeberg wandern wir dann zurück zum Ausgangspunkt.

Anreise: Beliebig nach Singen. Von Singen im Ort eine kleine Straße links Richtung Mägdehof einbiegen. Nach der Schnellstraße liegt links der Wanderparkplatz von Mühlhausen-Ehingen.

Ausgangs- und Endpunkt: Wanderparkplatz in Mühlhausen-Ehingen.

Dauer etwa 5 Stunden, Distanz etwa 15 Kilometer.

Weitere Informationen: www.in-singen.de

HÖDINGER TOBEL

Diese Wanderung beginnt in Sipplingen beim Parkplatz P2 in der Nähe des Bahnhofs. Wir gehen unter der Unterführung Richtung Altstadt und weiter auf der Rathausstraße bis zum Rathaus. Gleich daneben geht es in den Bützenrainweg und kurz darauf nach rechts in die Ostlandstraße. Diese führt auf einem schmalen Pfad Richtung Schwenkental. Bei einer Kreuzung kommen wir zu einem Wanderparkplatz. Hier wenden wir uns nach rechts und folgen der Straße Richtung Hödinger Tobel in den Wald hinein. Felsen und Wasserfälle bilden eine faszinierende Welt. Im Tobel orientieren wir uns nach „Zimmerwiese" und „Haldenhof". Auf die Zimmerwiese kommt man, indem wir am Ende des Tobels an der Wanderhütte nach links abbiegen und die große Wiesenfläche betreten, die bald erscheint. Bei guter Sicht sind die schneebedeckten Alpen zu sehen. Nach kurzer Gehzeit zweigen wir nach rechts zum Paul-Hank-Weg ab. Der Waldweg führt bald zur Nonnenebene und endet beim Haldenhof. Danach folgen wir der Beschilderung nach Sipplingen und kommen an der Ruine Hohenfeld vorbei. Wir wandern weiter bergab auf dem etwas steilen Waldpfad bis zur ersten Wohnsiedlung. Die nach rechts abgehende Straße „Am Würcheltal", die später in die Straße „Am Hörnlebach" übergeht, bringt uns zum Seeufer. Am See spazieren wir bis zum Parkplatz P2 zurück.

Anreise: Über die B98 bis Ausfahrt Stockach-Ost, weiter über Ludwigshafen nach Sipplingen. Oder mit dem Zug nach Sipplingen.

Ausgangs- und Endpunkt: Sipplingen.

Hinweis: Die Bodenseeregion ist Zeckengebiet. Nach starken Regenfällen ist das Hödinger Tobel nicht zu empfehlen. Rutschgefahr.

Dauer etwa 3½ Stunden, Distanz etwa 9 Kilometer.

Weitere Informationen: www.sipplingen.de

INSEL REICHENAU

Die Insel Reichenau kann man am besten von zwei Häfen aus erwandern. Ausgangspunkt ist dabei entweder der Kursschiffhafen im Süden der Insel oder der Yachthafen in Mittelzell, der von Allensbach aus von einem privaten Schiffsverkehr bedient wird. Andererseits kommt man auch bequem mit dem Bus auf die Reichenau. Vom Yachthafen aus ist Niederzell das erste Ziel. Immer am Gnadensee entlang wandert man zur Stiftskirche St. Peter und Paul, die auf der westlichsten Landzunge der Insel liegt. Der Weg führt hier kurz auf der Straße etwas vom Ufer weg bis zur Pappelallee. Dort zweigt man wieder von der Straße ab und gelangt auf einem schmalen Uferweg zum Campingplatz „Sandseele". Weiter im Zickzack durch Gewächshäuser und Felder, dann wieder am Seeufer entlangt kommt man zum Anleger der Kursschiffe. Hier geht es links die Zufahrtsstraße hinauf, dann rechts weg und weiter den Wegmarkierungen nach zur Oberzeller Straße. Ein asphaltierter Weg führt durch Weinberge hinauf zur Hochwart, dem 40 Meter über dem Seespiegel liegenden höchsten Punkt der Insel Reichenau. Auf dem Weg wieder durch Weinberge und Felder bergab zur Kirche St. Georg mit dem erkennbaren Turm. Links an der Kirche vorbei kommt man erneut zum Gnadensee und folgt der Seestraße, bis es rechts zum Münster und zum Yachthafen geht.

Information zur Anreise: Tourist-Information, Pirminstraße 145, D-78479 Insel Reichenau, Telefon (0 75 34) 92 07-0, Telefax (0 75 34) 92 07-77, Email: info@reichenau-tourismus.de

Dauer etwa 4 Stunden, Distanz etwa 12 Kilometer.

Weitere Informationen: www.reichenau.de

KISSLEGG SEE-WANDERTOUR

Die Wanderung beginnt in Immenried bei Kißlegg, wo wir an der Kirche St. Ursula vorbeigehen: über die Hohlgasse und die Straße „Zur Holzmühle" bis zum Holzmühleweiher. Es ist der erste der vier Weiher, die wir auf unserer Wanderung besuchen. Der weiß-schwarzen Kennzeichnung „W22" folgend, gehen wir weiter bis zum Langwuhrweiher. Dahinter biegen wir links ab und erreichen den kleinen Hasenweiher. An der Weggabelung biegen wir nach links ab und dann gleich nochmals nach links in den Wald hinein. Wir kommen zur Fahrstraße und gehen links weiter bis zum Brunner Weiher. Dort befindet sich linker Hand ein Forstweg, durch den wir erneut an den Holzmühlweiher gelangen. Von hier aus wandern wir zurück nach Immenried.

Anreise: Über die B465, weiter Richtung Kißlegg bis Immenried. Parkplatz gegenüber der Kirche von Immenried.

Ausgangs- und Endpunkt: Parkplatz bei der Kirche von Immenried

Dauer etwa 2 Stunden, Distanz etwa 7 Kilometer.

Weitere Informationen: www.immenried.de

MINDELSEE

Diese Wanderung ist abwechslungsreich und besonders im Sommer attraktiv, denn wir wandern meistens im Schatten und können hier die Touristenströme am Bodenseeufer hinter uns lassen. Zudem genießen wir am Schluss ein kühles Bad. Vom Mindelseeparkplatz folgt man in Verlängerung des Weges, auf dem der Parkplatz erreicht wurde, Richtung See, der schon nach wenigen Minuten vor uns liegt. Der Weg zweigt nach Osten ab und führt auf schattigem Weg dicht am Südufer des Mindelsees entlang. Am Ostende des Sees links abbiegen. Vom schattigen Waldweg wandert man nun durch eine Moorlandschaft. Am Nordostende führt der Weg hinauf zum Hirtenhof. An der Nordostrecke des Mindelsees treffen zwei Wege aufeinander. Hier spazieren wir auf breitem Kiesweg südlich. Nach wenigen Metern geht links ein kleiner, unscheinbarer Pfad ins Schilf – ein Abstecher, der sich vor allem an warmen Tagen lohnt. Denn der Weg führt zum kleinen, nicht ausgeschilderten Badeplatz. Mit dem Holzsteg ein kleines Paradies zum Abkühlen. Wieder zurück auf dem Kiesweg schreiten wir zunächst Richtung Süden, ehe der Weg einen Bogen nach Südost macht. Wir wandern geradewegs zum Parkplatz.

Anreise: Von Konstanz oder Radolfzell führt die alte B33 nach Markelfingen. An der einzigen Ampel im Ort nach Nordosten abbiegen und dann immer geradeaus durch Markelfingen dem Mühlbach entlang. Kurz nach Unterquerung der B33neu findet sich der Parkplatz mit Infotafel über das Naturschutzgebiet samt Landkarte. Markelfingen kann auch per Bahn (Seehas) oder Bus erreicht werden. Dann folgt man ebenfalls dem Mühlbach Richtung Mindelsee. Die Tour wird dann etwa 40 Minuten länger.

Ausgangs- und Endpunkt: Markelfingen bzw. Mindelseeparkplatz.

Dauer etwa 3 Stunden, Distanz etwa 8 Kilometer.

Weitere Informationen: www.bodenseeferien.de

SIPPLINGEN CHURFIRSTEN

In Sipplingen ist der Ausgangspunkt der Parkplatz P2 in der Nähe des Bahnhofs. Vor hier gehen wir durch die Unterführung in den Sipplinger Ortskern und folgen der Rathausstraße, die in ihrem Verlauf eine weite Rechtskurve macht und zur Morgengasse wird. Diese zweigt bald nach links ab, und wir wandern bergan Richtung Burghalde/Churfirsten. Am Sportplatz finden wir eine Informationstafel, wandern auf der Straße bis zum Ende des Sportplatzes und dürfen hier den schmalen Pfad nicht verpassen, der nach rechts in das Naturschutzgebiet Burghalde abzweigt. Zwei Wege führen in den Wald Richtung Burghalde: Wir entscheiden uns für den unteren und bezwingen auf schmalem Pfaden den kleinen Berg. Oben werden wir mit einer wunderbaren Aussicht und der Burghalde belohnt. Es geht anschließend im Zickzack bergab. Danach wandern wir ein Stück auf einer Fahrstraße, bis rechts ein Wegweiser zu den sieben Churfirsten weist. Die pfeilerartigen Sandsteinfelsen sind in der Nacheiszeit entstanden und erhielten ihren Namen durch die Ähnlichkeit mit den Kurfürsten. Wir folgen dem Pfad weiter geradeaus, bis wir an eine Kreuzung mit einem Wanderparkplatz gelangen. Hier biegen wir nach rechts ab, folgen der Straße noch einige hundert Meter und biegen hinter zwei nach links abgehenden Hofeinfahrten nach links in einen schmalen Wiesenpfad ein, schräg gegenüber einer weiteren Hofeinfahrt. Dieser Weg führt uns im Zickzack durch Wiesen, Felder und kleine Waldstücke. Der Wegverlauf ist allerdings nicht ganz einfach zu finden. Im Zweifelsfall kann man immer zur Straße zurück wandern. Schließlich erreichen wir die ersten Häuser Sipplingens.

Anreise: Über die B98 bis Ausfahrt Stockach-Ost, weiter über Ludwigshafen nach Sipplingen. Oder mit dem Zug nach Sipplingen.

Ausgangs- und Endpunkt: Sipplingen.

Dauer etwa 2 Stunden, Distanz etwa 6 Kilometer.

Weitere Informationen: www.sipplingen.de

ANHANG

MYTHENSAGEN

DAS FRÄULEIN VON KARGEGG

Am jenseitigen Ufer des Überlinger Sees hebt sich vom waldigen Hang ein steiler Fels ab, auf dem die Burg Kargegg einst stand. Auf dieser Burg lebte ein Ritter mit seiner Tochter Fortunate, die den Besitzer der gegenüberliegenden Haldenburg liebte. Der Vater des Fräuleins aber wollte diese Minne nicht dulden, weshalb die Liebenden eine List ersannen, um trotz des väterlichen Verbots zusammen zu kommen. Jeden Abend, wenn das Burgfräulein allein war, stellte sie ein Licht ans Fenster. Sobald der Ritter von Haldenburg das Licht sah, schwamm er durch den See zu seiner Geliebten. Wenn der Himmel zu dämmern begann, kehrte er auf gleiche Weise zurück. Lange ging es ganz gut. Als aber eines Morgens der Jüngling heimkehren wollte, überraschte ihn mitten im See ein Sturm. Vergebens kämpfte der kühne Schwimmer gegen die gewaltigen Wogen, die Kräfte verließen ihn, und die Fluten zogen ihn hinab. Nach kurzer Zeit gab der See sein Opfer zurück. Das Fräulein aber entsagte der Welt und ging ins Kloster. Sie war die letzte ihres Stammes. Burg Kargegg wurde im Bauernkrieg zerstört. Dieselbe Sage geht auch von den benachbarten Burgen Bodman und Hohenfels. Ein Ritter von Hohenfels schwamm mit einem brennenden Licht auf dem Kopf, das als Wegleuchte und zugleich als Signal diente, zu einem Fräulein zu Bodman über den See. Einst aber wurde er vom Sturm überrascht, der das Licht auslöschte und den Ritter in die Tiefe zog. Das Fräulein aber nahm darauf den Schleier. (Badisches Sagenbuch)

DAS NEBELMÄNNLEIN

Ein Ritter von Bodman wollte die Welt ausreiten. Er nahm von seiner Gemahlin Abschied mit dem Bedeuten, dass wenn er binnen sieben Jahren nicht zurückkehrt, sie ihn für tot halten und, wenn sie wolle, sich wieder verheiraten dürfe. Von ein paar Knappen begleitet, machte der Ritter sich auf den Weg und zog übers Meer in unbekannte Länder. Nachdem er schon einige Zeit gereist war, kam er in eine wilde Einöde, wo er eines Abends auf einem hohen Berg ein Licht schimmern sah. Er schickte einen Knappen hinauf, um zu erfahren, ob Menschen da wohnen, bei denen man Herberge finden könnte. Der Diener ging, kehrte aber nicht wieder, ebenso der zweite und der dritte. Endlich nach langem Harren machte sich der Herr selbst auf den Weg. Oben angekommen, findet er in einem kleinen Haus ein Weiblein, das ihn mit bedächtiger Miene begrüßt und ihm sagt, ihr Mann sei das Nebelmännlein und ein grausamer Feind der Menschenkinder. Wolle er das Schicksal seiner Diener nicht teilen, so müsse er sich schleunigst von hinnen machen. Während sie aber sprach, hörte man jemand kommen, und das Weiblein sagte, „Ich will euch verbergen, schlüpft dort hinunter in den Keller!" Der Ritter gehorchte. Das Nebelmännlein aber ließ sich nicht täuschen. „Ich wittere Menschen" schnauzte er gleich beim Eintritt „ein Mensch muss da verborgen sein." Und näherte sich dem Kellerloch. Der Ritter, der sich entdeckt sah, trat heraus. Aber wie erstaunte er, als der Alte ihn nicht unfreundlich mit Namen begrüßte. „Woher wisst ihr, wie ich heiße?" fragte er verwundert. „Ich weiß noch mehr" sagte der Nebelmann. „Morgen früh wird eure Gemahlin in der Schlosskapelle zu Bodman getraut, die sieben Jahre, die ihr bedungen habt, sind längst verflossen." Den Ritter traf das Wort wie ein Wetterstrahl, das Nebelmännlein aber fuhr fort: „Ich will einen Vertrag mit euch abschließen. Wisst, ich bin der Nebelmann vom Bodensee, und die Nebelglocke, die jeden Abend in Bodman geläutet wird, schlägt mir jedes Mal bummelnd um den Kopf. Wenn ihr mir versprecht, das leidige Ding für ewige Zeiten in den Bodensee zu versenken, so will ich euch noch vor Tagesanbruch in die Heimat schaffen." Der Ritter willigte ein, worauf der Nebelmann einen seiner dienstbaren Geister berief und ihn befragte, wie schnell er sei. „Wie der Pfeil vom Bogen" lautete die

Antwort. „Du bist zu langsam," versetzte der Nebelmann, und zitierte einen zweiten: „Wie schnell bist du?" „So schnell wie der Wind." „Zu langsam" hieß es, und ein dritter wurde gerufen. „So schnell wie die Gedanken der Menschen," antwortete dieser. „Du bist der Rechte – auf ihn und davon!" Der Ritter wusste nicht, wie ihm geschah. Als er erwachte, lag er auf dem Gänsriedersteg zu Bodman. Lieblich von der Sonne beschienen, glänzte der See und die heimatliche Burg. Die Glocken riefen zur Kirche. Beim Festmahl, das der Trauung folgte, wird der Fremde im Schlosshof hereingerufen. Die Braut selbst kredenzt ihm den üblichen Trunk. Der Ritter lässt seinen Ehering in den Becher fallen und die gute Frau, als sie ihm Bescheid tun will, sieht das Zeichen auf des Bechers Grund liegen. Sie wird aufmerksam und erkennt im Gast den tot geglaubten Gemahl und alles endet in Freude. Der Ritter aber löst getreulich sein Versprechen wegen des Nebelglöckleins ein. Noch soll zuweilen bei niederem Wasserstand die versenkte Nebelglocke zu sehen sein. Das Nebelmännlein aber hat seinen Sitz im „Löchle", einer ungeheuren Tiefe des Sees bei Bodman, die niemals zufriert. In stillen Nächten steigt der silberbärtige Alte auf, die Schiffsleute beirrend und mit kaltem Reif die Reben schädigend.

DER SCHATZ AUF BURG (I)

Auf Burg bei Stein am Rhein soll in den alten Ruinen ein Schatz vergraben sein. Man hat dort Münzen gefunden und ein Wildschwein beobachtet, das aus dem Loch des Gemäuers herauskroch. Burschen, die auf der benachbarten Weide Vieh hüteten, wollten den Schatz heben. Eines Nachts versammelten sie sich an diesem Ort. Der Mutigste sagte: „Ich will sehen, ob er nicht in diesem tiefen, schrecklichen Loch verborgen ist." An einem Seil ließen sie ihn hinunter. Als er nach geraumer Weile heftig am Strick zog, zum Zeichen, dass er wieder hinauf wolle, zogen sie ihn herauf. Oben angelangt, erzählte er: „Als ich etwa fünf bis sechs Klafter tief angelangt war, tat sich ein Gang auf, der in ein anderes Gewölbe führte. Dort sah ich einen riesigen, fetten Mann an einem Tisch sitzen. Unter dem Tisch lag ein schwarzer, haariger Hund, der mich anglotzte. Da geriet ich in Furcht und rannte den Gang zurück." Noch bis vor wenigen Jahren war das Loch zu sehen. Wenn man Steine hinabwarf, dauerte es eine Weile, bis sie am Grund aufschlugen. Das Rumpeln und Dröhnen ließ vermuten, dass sich in der Tiefe verschiedene Kammern, Gewölbe und Gänge befinden.

DER SCHATZ AUF BURG (II)

In einem unterirdischen Gewölbe der Ruine „auf Burg" bei Stein am Rhein befindet sich ein riesiger Goldschatz. Das Gewölbe ist mit einer eisernen Tür verschlossen. Nur während des Glockenläutens in der heiligen Nacht springt sie auf und bleibt während des Läutens offen. Dann können beherzte Leute hineingehen und Gold forttragen; aber sie müssen darauf achten, dass sie rechtzeitig wieder hinauskommen. Ein armes Mädchen, das ein lediges Kind hatte, hörte davon. Um sich Geld für die Heirat zu beschaffen, begab sich die junge Frau in der nächsten Christnacht vor die Tür. Beim ersten Glockenton sprang diese auf. Hastig stellte das Mädchen sein Kind beiseite und eilte hinein, um so viel als möglich von dem Gold fortzutragen. Rechtzeitig fand es auch den Ausweg wieder. Als das Mädchen draußen war, fiel die Tür wieder ins Schloss. Das Knäblein aber war verschwunden. Es war der Mutter nachgelaufen und unbemerkt im Gewölbe geblieben. Die verzweifelte Mutter konnte sich des Geldes nicht erfreuen. In ihrer Angst holte sie Rat beim Pfarrer. Dieser riet ihr, nach einem Jahr in der heiligen Nacht nochmals zum Gewölbe zu gehen, dort aber nur nach dem Kind zu sehen und kein Gold zu berühren. Sie machte es, wie der Pfarrer ihr geraten hatte. In der Tat fand sie das Kind wohlbehalten im Gewölbe vor und brachte es heil zurück.

DAS HEIDENLOCH

Unweit von Hagenwil und Schönholzerswilen im Thurgau liegt eine Felsenhöhle, die man das Heiden- oder Bruderloch nennt. Ihr Eingang ist nicht größer als eine Ofenmündung, innen aber mag sie fünf Fuß Höhe haben und zwanzig Fuß Länge. Auf jeder Seite des Ganges sind zwei Erweiterungen. Erdmännchen sollen einst darin gewohnt haben. Und alte Leute kannten noch Personen, die mit solchen Erdmännchen Umgang hatten. Auf goldenen Tellern und mit Silberbesteck brachten sie den Bauern Speise. Seit aber ein undankbarer Knecht die Teller und Bestecke nicht zurück gab, verschwanden sie.

DER GEIST DER GUNZOBURG

In der Oberstadt Überlingens, dem sogenannten Dorf, steht ein altes Haus, welches die Burg heißt; denn der Alemannenherzog Gunzo soll hier gewohnt haben. Überlingen (Iburinga) war nämlich ursprünglich der Sitz der Herzöge von Alemannien. Über dem Tor des Hauses ist das Bild eines geharnischten Ritters zu sehen mit der Inschrift: „In dieser Burg residierte im Jahre 641 Gunzo, Herzog von Schwaben und Alemannien." In früheren Zeiten erschien den Hausbewohnern ein großer, über sechs Fuß hoher, schwarzer Ritter mit geschlossenem Visier. Er kam plötzlich und verschwand ebenso. Auch manchen Leuten, die hinter dem Haus das Burggässchen hinaufgingen, begegnete er, verfolgte sie und warf sie in den Stadtgraben hinab. Als aber unter die Dachtraufe an der unteren Hausecke gegen das Gässchen ein Kreuz unter Ziegelsteinen vergraben worden war, konnte der Geist nicht mehr herunterkommen. Im Haus jedoch zeigte er sich noch von Zeit zu Zeit. Vor etlichen Jahren kam er abends in das Zimmer, wo die Frau des Hausherrn bereits zu Bett lag. Die Tür öffnete sich geräuschlos. Ein schwarzer, großer Ritter mit unkenntlichem Gesicht trat herein, in der Hand ein Kohlengefäß, aus dem Feuerfunken sprühten. Nachdem er im Zimmer umhergegangen war, beugte er sich über das Bett der Frau und schüttete das Flammengefäß aus, so dass sich das Feuer über das Bett ergoss, ohne jedoch den geringsten Schaden anzurichten. Die Frau gebar bald darauf ein Kind mit schwarzen Brandmalen. (Badisches Sagenbuch)

WILDFRÄULEINSTEIN BEI HINTERSTEIN

In dieser Höhle bei Bad Hindelang im Allgäu hausten vor Zeiten wilde Fräulein. Wieviele es waren, kann man heute nicht mehr sagen, aber man weiß, dass zwei von ihnen Rezabell und Huriahutsch hießen. So erschienen sie den Bauern und Sennen und waren freundlich zu den Menschen. Ja manchmal kamen sie bis nach Hinterstein in die Häuser. Einmal heiratete eines der Fräulein einen Burschen aus dem Dorf, aber ausdrücklich unter der Bedingung, dass man ihr keinen Namen gebe. Denn würde man zufällig ihren wirklichen Namen treffen, so müsste sie sogleich fortgehen. Der Bursche und das Fräulein lebten lange glücklich miteinander. Auch die Nachbarn hatten die fleißige Frau lieb. Eines Tages stand sie im Garten und wurmte das Kraut ab. Da kam eine Frau des Weges und rief über den Zaun: „Oh mei liabs Getrüdle, wia fresset dia Würmle deine Krütle." Da wurde die junge Frau leichenblass, fing an zu weinen und klagte bitterlich darüber, dass sie nun nicht mehr bleiben dürfe, da man sie bei ihrem richtigen Namen genannt habe.

DIE FRAU ALS FLIEGE

In das Walsertal kam früher ein altes Weiblein aus dem Bregenzerwald, das zerrissene „Regendächer" sammelte und ausbesserte. Da kam sie auch einmal in ein Haus, wo die Hausmutter in der Stube beim Sticken saß. Zu dieser setzte sich die Alte, um auszuruhen. Sie sprachen über dies und das, und zuletzt kam die Rede auf die Hexenkünste und wie die Hexen allerlei Gestalten annehmen könnten. Dabei ließ die alte Bregenzerin immer deutlicher merken, dass sie selbst eine sei. Das wollte die Walserin aber nicht glauben und sprach: „Oh, du bist so wenig eine Hexe wie ich!" „Dann muss ich dir schon ein Kunststücklein vormachen, dass du es glaubst; warte ein bisschen." Darauf verschwand die Alte, und es dauerte nicht lange, so taumelte auf dem Stickstock der Walserin eine Fliege herum und konnte nur nicht recht auf die Füße kommen. Dann aber verschwand die Fliege, und bald saß die Alte wieder neben ihr auf der Bank wie zuvor. (Allgäuer Sagen)

DIE FELSENFRAU IN BREGENZ

An der Klus bei Bregenz hat in den Vierzigerjahren des vergangenen Jahrhunderts ein Weiblein, das Felsowieble, gehaust. Seine Hütte stand im See auf einem mächtigen Felsblock, zu dem ein schmaler Steg hinüberführte. Es galt allgemein als Hexe. Es konnte machen, dass man gestohlenes Gut wieder zurückbringen musste. Es hatte Zauberbücher und soll noch immer die alte Tracht getragen haben: einen dicken Flanellrock, ein rotes Schöple mit Schößchen daran, wie sie die Postillons trugen, eine breite altmodische schwarze Schürze mit großen weißen Blumen und auf dem Kopf die Boartokappe, deren lange Bänder unter dem Kinn gebunden wurden. Als die neue Straße nach Lindau gebaut wurde, soll man dem Felsowieble die Hütte im See abgekauft und ihm eine andere an der Klus gebaut haben. Später wurde auch diese abgebrochen. Als man die Bahn baute, wurde der Felsen im See, auf dem die Hütte gestanden hatte, gesprengt und für den Bau des Bahndammes verwendet. (Im Sagenwald)

LITERATUR

Badisches Sagenbuch 1-2. Hrsg. von Johannes Waibel und Hermann Flamm. Freiburg i.B. 1899.

Beitl, Richard: Im Sagenwald. Neue Sagen aus Vorarlberg. Feldkirch 1953.

Benz, Doris und Ben Schreger: Kelten, Kulte, Anderswelten. Unterweitersdorf o.J.

Birlinger, Anton: Volkstümliches aus Schwaben. Sagen, Märchen, Volksaberglauben. Freiburg 1861.

Boesch, Bruno: Die Orts- und Gewässernamen der Bodenseelandschaft. In: Der Bodensee. Hrsg. von Helmut Maurer. Sigmaringen 1982.

Bohnenberger, Karl: Volkstümliche Überlieferungen in Württemberg. Stuttgart 1904.

Denz, Hermann und Manfred Tschaikner: Alltagsmagie, Hexenglaube und Naturheilkunde im Bregenzerwald. Innsbruck 2004.

Derungs, Kurt und Christina Schlatter: Quellen Kulte Zauberberge. Landschaftsmythologie der Ostschweiz und Vorarlbergs. Grenchen 2005.

Derungs, Kurt und Isabelle M. Derungs: Magische Stätten der Heilkraft. Grenchen 2006.

Derungs, Kurt: Der Kult der heiligen Verena. Baden 2007.

Derungs, Kurt und Sigrid Früh: Der Kult der drei heiligen Frauen. Mythen, Märchen und Orte der Heilkraft. Grenchen 2008.

Derungs, Kurt (Hg.): Mythologische Landschaft Schweiz. Mythos und Kult im Alpenland. Grenchen 2010.

Die Schwarzen Führer: Schwaben-Bodensee. Freiburg i.B. 1996.

Dobler, Eberhard: Die „Drei Frauen" vom Mägdeberg. In: Hegau – Zeitschrift für Geschichte, Volkskunde und Naturgeschichte des Gebietes zwischen Rhein, Donau und Bodensee. Jahrbuch 60, 2003, p. 199-228.

Duft, Johannes: Die Lebensgeschichte der Heiligen Gallus und Otmar. St. Gallen 1990.

Engelmann, Ursmar: Der heilige Pirmin und sein Pastoralbüchlein. Eingeleitet und ins Deutsche übertragen. Sigmaringen 1976.

Genius Loci. Der Geist von Orten und Landschaften in Geomantie und Architektur. Hrsg. von Lara Mallien und Johannes Heimrath. Klein Jasedow 2009.

Hansen, Svend: Archäologische Funde aus Deutschland. Berlin 2010.

Hofmann, Franz: Die Heidenhöhlen bei Goldbach – Über eines der spektakulärsten Reiseziele am Bodensee und seine unwiederbringliche

Zerstörung. In: Hegau – Zeitschrift für Geschichte, Volkskunde und Naturgeschichte des Gebietes zwischen Rhein, Donau und Bodensee. Jahrbuch 65, 2008, p. 101-130.

Keckeis, Peter (Hg.): Sagen der Schweiz – Schaffhausen, Thurgau. Zürich 1988.

Kramer, Klaus (Hg.): Internetseite www.heilige-quellen.de

Kraus, Franz Xaver: Die Kunstdenkmäler des Großherzogthums Baden. Band 2, Freiburg i.B. 1890.

Künzig, Johannes: Schwarzwald-Sagen. Düsseldorf 1976 (Original 1930).

Lachmann, Theodor: Sagen und Bräuche vom Überlinger See. Weißenhorn 1976.

Meier, Ernst: Deutsche Sagen Sitten und Gebräuche aus Schwaben. Stuttgart 1852.

Niederstätter, Alois: Zur Konstruktion von Geschichte(n): die „seligen Geschwister" Diedo, Merbod und Ilga. In: Monfort – Vierteljahresschrift für Geschichte und Gegenwart Vorarlbergs. Dornbirn 2008. Jahrgang 60, Heft 3, p. 139-155.

Pfahlbauten rund um die Alpen. Hrsg. von Helmut Schlichtherle. Darmstadt 1997.

Rieple, Max: Der Poppele vom Hohenkrähen. Sämtliche Sagen, neu gestaltet und mit einer Einleitung versehen. In: Fasnet im Hegau. Hrsg. von Herbert Berner. Verein für Geschichte des Hegaus e.V. Singen 1959, p. 83 ff.

Scheffel, Joseph Victor von: Ekkehard. Leipzig 1927.

Scherer, Josef: Die Stadt am See. Der Bodensee und der bayrische Alemannenwinkel. Lindau 1934.

Scherer, Josef: Rund um Vorarlberger Gotteshäuser. Heimatbilder aus Geschichte, Legende, Kunst und Brauchtum. Bregenz 1936.

Schlichtherle, Helmut: Siedlungen und Funde jungsteinzeitlicher Kulturgruppen zwischen Bodensee und Federsee. In: Die ersten Bauern 2. Pfahlbaufunde in Europa. Zürich 1990, p. 135-156.

Schoch, Willi: Religion und Kirche. In: Sankt-Galler Geschichte 2003 I. St. Gallen 2003.

Schöppner, Alexander: Sagenbuch der Bayerischen Lande. München 1852.

Schnell, Anton: Kunstführer Betenbrunn. Betenbrunn 1983. Nr. 1428.

Keller-Tarnuzzer, Karl: Das Bruderloch bei Schönholzerswilen und die verwandten künstlichen Höhlen in Mitteleuropa. Frauenfeld 1924.